Georg Büchner

Woyzeck

von Roland Borgards

Schroedel Interpretationen Band 8

Druck A 2 / Jahr 2011

Redaktion: Dr. Hans-Georg Schede
Reihentypografie: Thomas Schröder, Braunschweig
Satz: Ira Petersohn, Ellerbek
Repro: westermann druck GmbH, Braunschweig
Druck: pva, Druck und Medien-Dienstleistungen GmbH, Landau
Titelbild: Fritzi Haberlandt als Marie und Peter Moltzen als Woyzeck in Michael Thalheimers Inszenierung von Georg Büchners »Woyzeck«. Koproduktion der Salzburger Festspiele und des Thalia Theaters Hamburg aus dem Jahr 2003. Foto: © Katrin Ribbe, Hannover

ISBN 978-3-507-47708-7

Einführung

Leipzig, 2. Juni 1821, 21:30 Uhr: Der arbeits- und obdachlose Johann Christian Woyzeck ermordet mit sieben Stichen einer abgebrochenen Degenklinge seine Geliebte Johanna Christiane Woost. Er wird unmittelbar nach der Tat festgenommen und bekennt sich schuldig. Einer Zeitungsnotiz, die eine Woche später erscheint, ist zu entnehmen, dass Woyzeck an »Verstandesirrungen« gelitten habe. War der Täter verrückt? War er also überhaupt zurechnungsfähig? Ist er ein Mörder oder ein Wahnsinniger? An der Antwort auf diese Frage hängt sein Leben: Als Mörder droht ihm die Todesstrafe, als Wahnsinnigem nur eine Sicherheitsverwahrung.

Das Gericht lässt ein erstes psychiatrisches Gutachten erstellen. Der untersuchende Arzt, Johann Christian August Clarus, bescheinigt dem Täter Zurechnungsfähigkeit. Das Gericht verurteilt Woyzeck zum Tod. Die Vollstreckung des Urteils wird aufgeschoben, als sich erneut Zweifel an der psychischen Gesundheit des Täters regen. Ein zweites Gutachten wird eingeholt; wieder ist es Clarus, der Woyzeck untersucht, und wieder kommt er zu dem Schluss, dass Woyzeck zurechnungsfähig gewesen sei. Das Urteil wird bestätigt. Am 27. August 1824 wird Woyzeck auf dem Marktplatz von Leipzig hingerichtet.

Zürich, 19. Februar 1837, 15:30 Uhr: Der politische Flüchtling, Literat und Universitätsdozent der Zoologie Georg Büchner stirbt an Typhus. Als Freunde unmittelbar darauf seinen Nachlass sichten, finden sie unter anderem die Entwürfe zu einem unvollendet gebliebenen Drama. Die Schrift ist flüchtig, schwer zu entziffern; der Zusammenhang der Handlung erscheint dunkel; von einer Veröffentlichung wird zunächst Abstand genommen. Erst vierzig Jahre später wird der Text von Karl Emil Franzos unter dem Titel »Wozzeck« publiziert, 1875 auszugsweise, 1878 dann vollständig. Was Franzos nicht entziffern kann, ergänzt er nach eigenem Ermessen; was ihm ungeordnet erscheint, wird sortiert. Seither sind Büchners Manuskripte immer wieder neu herausgebracht worden; immer wieder wurden einzelne Worte neu und anders entziffert; immer wieder wurden Partien des Texts umgestellt. Eine fertige, von Büchner selbst genehmigte Version, einen *directors cut* des *Woyzeck* gibt es nicht.

Dennoch ist dieser Text ein Gründungsdokument des modernen Dramas: Nie zuvor hatte ein Dichter gewagt, eine derart geschundene und geringe Kreatur wie Woyzeck als Held eines Theaterstücks zu präsentieren; noch nie zuvor war für die Not eines gedrückten Menschen eine solche Sprache, eine solche Form gefunden worden.

Aus dem realen Kriminalfall hat Büchner für sein Drama vieles übernommen. Doch er nutzt auch die Freiheit der Fiktion, verschiebt Akzente, erfindet neue Figuren, neue Details und taucht damit den Fall in ein neues Licht: War Woyzeck tatsächlich zurechnungsfähig? Kann man über Woyzeck auch anders reden, als es der Gerichtsarzt Clarus tat? Was will ein literarischer Text im Unterschied zu einem psychologischen Gutachten oder einem juristischen Urteil?

In diesem Band wird aus Büchners *Woyzeck* mit Angabe der Szenennummer nach der von Burghard Dedner erstellten Lesefassung zitiert. Diese Fassung liegt sowohl der Reclam-Ausgabe (RUB 18420) als auch der Schroedel-Ausgabe (in der Reihe *Texte.Medien*) zugrunde. Alle anderen Zitate werden mit Kürzeln nachgewiesen, die in der Bibliographie am Ende des Bands aufgelistet sind.

I Biographische und zeitgeschichtliche Einflüsse

1 Biographischer Zusammenhang

Die *Woyzeck*-Fragmente markieren in biographischer Hinsicht die äußerste Bruchkante eines bewegten und gewagten Lebens. Dieses Leben ist weit gespannt zwischen zwei Extreme. Georg Büchner (1813–1837) kam aus guten Verhältnissen, er war der Sohn eines Arztes, erhielt an einem renommierten Darmstädter Gymnasium eine humanistische Bildung, durchlief ein zunächst medizinisch angelegtes, dann zunehmend zoologisch orientiertes Studium, publizierte nebenbei ein mit Staunen aufgenommenes Geschichtsdrama unter dem Titel *Danton's Tod*, schloss sein Studium in Straßburg als erst Dreiundzwanzigjähriger mit einer glänzenden, die Fachwelt beeindruckenden Doktorarbeit ab und begann unmittelbar darauf mit seiner Arbeit als Dozent der Universität Zürich. So erzählt, klingt es nach einem guten und gelungenen Leben, nach internationaler Wissenschaftskarriere und öffentlichem Ruhm, nach dem idealen Produkt bildungsbürgerlicher Eliteförderung.

Doch dies ist nur die eine Seite. Den sozialen Verhältnissen, aus denen er stammte, stand Büchner kritisch gegenüber. Die Beziehung zu seinem Vater war zeitweise gespannt, zeitweise gar zerrüttet. Sein Studium begann er nicht, wie es seinerzeit Vorschrift war, an der hessischen Landesuniversität, sondern im französischen Straßburg, wo er zudem Einblicke in revolutionäre Bestrebungen erhielt. Als er das Studium dann in Gießen fortsetzte, widmete er sich dort – unter strengster Geheimhaltung – zugleich intensiv der Politik: Er gründete eine »Gesellschaft der Menschenrechte« und schrieb die Vorlage für den *Hessischen Landboten*, eine politische, zum Aufstand aufrufende Flugschrift gegen die herrschenden Verhältnisse, verfasst in einer mitreißenden, im Rhetorikunterricht seiner Schule gelernten Sprache. Der Obrigkeit gelang es dank eines Verräters, die Verteilung des *Hessischen Landboten* zu verhindern. Mitstreiter Büchners wurden verhaftet. Auch Büchner selbst geriet schnell in Verdacht, er wurde verhört, auch ihm drohte die Verhaftung. Er floh nach Straßburg. Nun wurde er steckbrieflich gesucht, der hessische Untersuchungsrichter bat die ausländischen Behörden um Mithilfe und Auslieferung. Zeitgleich wurde Büchners Geschichtsdrama in Rezensionen scharf kritisiert. Der Entwurf eines weiteren literarischen Texts, einer Erzählung über den Sturm-und-Drang-Dichter Jakob Michael Reinhold Lenz, blieb wegen mangelnder Publikationsmöglichkeiten unvollendet. Eine Komödie mit dem Titel *Leonce und Lena*, die Büchner für einen Komödienwettbewerb schrieb, kam einen Tag zu spät bei der Jury an und wurde ungelesen zurückgeschickt. In Straßburg hielt sich Büchner zunächst illegal und unter falschem Namen auf, dann als politischer Flüchtling und Exilant. Die Rückkehr in seine Heimat war ihm verwehrt. Der Verbleib in Frankreich wurde immer riskanter. Als Büchner in die Schweiz übersiedelte, ließ er in Straßburg seine Verlobte Wilhelmine Jaeglé zurück. Die beiden sahen sich erst an seinem Sterbebett wieder. So erzählt, klingt es nach einem schweren und gefährdeten Leben, nach politischem Scheitern und mangelnder literarischer Anerkennung, nach den bitteren Erfahrungen, die ein junger, engagierter und politisierter Mensch mit der ihn umgebenden restaurativen, konservativen und repressiven Gesellschaft macht.

Büchners Leben bewegt sich also zwischen entgegengesetzten Polen: zwischen Erfolg und Missachtung, zwischen bürgerlicher Karriere und politischer Verfolgung, zwischen

Georg Büchner im »Felsenmeer«. Bleistiftzeichnung von Alexis Muston aus dem Jahr 1833.

fieberhafter Tätigkeit und plötzlichem Tod. Dieser Tod unterbricht die Arbeit am *Woyzeck*; seinethalben bleibt der Text Fragment. Das Leben endet, und mit ihm endet das Schreiben. Doch gerade weil Büchner so unvermittelt aus der Arbeit am *Woyzeck* herausgerissen wurde, führen von diesem Text viele Spuren zur Biographie des Autors.

Die weiteste Spur führt in Büchners Jugend. Georg Büchner wurde am 17. Oktober 1813 in Goddelau, einem kleinen Ort in Hessen geboren. Sein Vater, Ernst Karl Büchner, selbst aus einer Medizinerfamilie stammend, war zu dieser Zeit Amtschirurg von Dornberg und leitete zudem das Hofheimer »Irrenhaus«. Seine Mutter, Caroline Büchner, geborene Reuss, entstammte einer angesehenen hessischen Beamtenfamilie. Schon 1816 zog die Familie nach Darmstadt, wo der Vater zunächst Amts- und Stadtchirurg wurde und dann bis zum Großherzoglichen Medizinalrat aufstieg. In Darmstadt besuchte der junge Büchner zunächst die Grundschule, in der, anders als heute, neben Rechnen und Schreiben auch schon Latein, Griechisch, Französisch, Geometrie und Physik unterrichtet wurde. Auf dem Gymnasium, dem über Darmstadt hinaus bekannten »Pädagog«, erhielt Büchner dann eine gründliche humanistische, vom Deutschen Idealismus geprägte Bildung. Am »Pädagog« herrschte ein konservativer, autoritärer, restaurativer Geist, den der Schüler schon damals verabscheute. Was Büchner später in den Dialogen zwischen Hauptmann und Woyzeck einer beißenden Kritik unterziehen sollte, das hatte er in der Schule gelernt: »Woyzeck, er ist ein guter Mensch, ein guter Mensch – aber *(mit Würde)* Woyzeck, er hat keine Moral! Moral das ist wenn man moralisch ist, versteht er. Es ist ein gutes Wort.« (5. Szene)

Darmstadt, in dem Büchner seine Kindheit und Jugend verbrachte, war Haupt- und Residenzstadt des Großherzogtums Hessen-Darmstadt, das zum Deutschen Bund gehörte und politisch auf Seiten der Restauration stand. Geprägt war das Leben in der Stadt mit ihren 18 000 Einwohnern durch die Militär-, Hof- und Regierungsbeamten Ludwigs I. und vom großherzoglichen Hof selbst. Dieses Klima ist noch im *Woyzeck* zu spüren: die Präsenz des Militärs mit Infanteriekaserne, Paradeplatz, exerzierenden oder flanierenden Soldaten; unterbeschäftigte oder pensionierte Beamte in der »Neustadt«, deren Leben zwischen Müßiggang und Langeweile changiert; in der »Altstadt« eine sozial abgegrenzte Unterschicht. Im *Hessischen Landboten* kritisiert Büchner die Darmstädter Beamten als »eifrige Handlanger bei der regelmäßig eingerichteten Schinderei […], die man Ordnung und Gesetz heißt« (DKV, Band II, S. 57). Inwiefern neben den Beamten und beamteten Medizinern auch die führenden Militärränge an dieser Schinderei beteiligt sind, das wird Büchner dann im *Woyzeck* mit großer Eindringlichkeit vor Augen führen.

Büchners Vater war als Medizinalrat nicht nur praktisch tätig, sondern publizierte auch eigene medizinisch-psychologische Abhandlungen, etwa über einen »Versuchten Selbstmord durch Verschlucken von Stecknadeln« (vgl. MBA, S. 81), und war zudem als medizinischer Gutachter für Gerichtsprozesse tätig, etwa mit einem »Gutachten über den Gemüthszustand eines Soldaten im Augenblick seines Vergehens im Dienste, durch thätliches Vergreifen am Vorgesetzten« (vgl. ebenda). Über seinen Vater kam der junge Büchner also bereits früh mit der Schnittstelle zwischen Recht und Medizin in Berührung. Ärzte und Juristen entschieden gemeinsam über Schuld und Schuldfähigkeit der Angeklagten.

Nicht nur mit dem Zusammenspiel von Recht und Medizin im Allgemeinen, sondern auch mit dem konkreten Fall Woyzecks könnte der junge Büchner schon in seinem Elternhaus konfrontiert gewesen sein. Denn die beiden oben genannten Aufsätze des Vaters erschienen 1823 und 1825 in der *Zeitschrift für Staatsarzneikunde*, die der Vater abonniert hatte; genau in dieser Zeitschrift wurden 1825 und 1826 die psychologischen Gutachten zur Zurechnungsfähigkeit Woyzecks veröffentlicht. Vielleicht hörte Büchner schon mit 13 Jahren ein erstes Mal vom arbeitslosen Perückenmacher Woyzeck, der seine Geliebte ermordete und der dann verhaftet, verhört, untersucht, begutachtet und hingerichtet wurde.

Nach einem zwar nicht überragenden, aber erfolgreichen Abitur begann Büchner 1831 mit seinem Studium. In den Jahren von 1831 bis 1837, also von seinem Schulabschluss bis zu seinem Tod, entfaltete er fieberhafte Tätigkeiten in zumindest drei Bereichen: als Revolutionär, als Dichter und als Wissenschaftler. Seine Politisierung, die schon zu Schulzeiten begann, verstärkte sich merklich während seines ersten Straßburger Aufenthalts. Hier setzte er sich mit den Folgen der Julirevolution auseinander, die im Jahr 1830 Frankreich – und in bescheidenerem Ausmaß auch die benachbarten deutschen Staaten – in Unruhe versetzt hatte. Hier erfuhr er von der »Societé des Droits de l'Homme et du Citoyen«, einer staatskritischen Menschenrechtsvereinigung. Und hier kam er mit frühsozialistischem Gedankengut in Berührung, wie es etwa von Louis-Auguste Blanqui (1805–1881) oder den Saint-Simonisten vertreten wurde. Als Büchner 1833 sein Studium in der Landeshauptstadt Gießen fortsetzen musste, knüpfte er sofort Kontakte zu oppositionellen Kreisen, gründete selbst eine geheime »Gesellschaft der Menschenrechte« und beteiligte sich aktiv an der Vorbereitung einer revolutionären Erhebung gegen die herrschende Staatsform.

Seinen Höhepunkt erreichte dieses direkte politische Engagement mit der Flugschrift *Der Hessische Landbote*, die zum größten Teil aus Büchners Feder stammt und in der die Bauern des Landes als sozial ausgebeutete Gruppe ganz offen zum Aufstand aufgerufen werden. Die Verbreitung der Flugschrift scheiterte tragisch und brachte Büchner in eine äußerst gefährliche Situation, denn die Untersuchungsrichter gelangten bald zu der Auffassung, dass er der Autor des Texts sei. Büchner empfand die Bedrängnis der Situation in ihrem vollen Ausmaß, und seine Angst war berechtigt: Einige seiner Mitstreiter wurden tatsächlich verhaftet; sein Freund Karl Minnigerode wurde erst nach mehreren Jahren als gebrochener Mann aus der Haft entlassen; der Mitautor des *Landboten*, der liberale Pfarrer und Politiker Friedrich Ludwig Weidig, kam unter bis heute ungeklärten Umständen in der Haft ums Leben.

Unter diesem Druck zog sich Büchner aus Gießen zu seiner Familie nach Darmstadt zurück, wo er in nur sechs Wochen und ganz ohne das Wissen seiner Eltern das Revolutionsdrama *Danton's Tod* niederschrieb. Man kann in dieser literarischen Arbeit eine erste Verschiebung der politischen Tätigkeit sehen: weg von der direkten Agitation hin zur indirekten, literarischen Reflexion. Der engagierte Student war mit seinem revolutionären Handeln an die Grenzen der staatlichen Macht gestoßen. Nun galt es, sich über die Mechanismen revolutionärer Politik Klarheit zu verschaffen. Einsicht erhoffte sich Büchner aus dem Blick auf die Geschichte der Französischen Revolution; als Mittel des Nachdenkens, als Medium der Reflexion wählte er die Literatur.

Als der Druck zu groß wurde, floh Büchner – ohne seine Familie und Freunde vorab zu informieren – heimlich nach Straßburg. In Darmstadt traf unterdessen das Honorar für *Danton's Tod* ein. Büchners Vater fiel aus allen Wolken: Sein Sohn war Schriftsteller. Ernst Karl Büchner war über diese Neuigkeit – eine verheimlichte Verlobung mit einer nicht ganz den väterlichen Vorstellungen entsprechenden Frau kam noch hinzu – nicht erfreut. Das Verhältnis zwischen Vater und Sohn kühlte bis zum Gefrierpunkt ab.

An seiner schriftstellerischen Tätigkeit hielt Büchner von nun an fest. Eine spürbar politische Dimension kam dabei auch in seinen beiden anderen Stücken zum Tragen: zum einen in *Leonce und Lena*, der Politik-Satire auf das verquaste Kleinstaatengehabe großherzoglicher Möchtegernkönige, zum andern im *Woyzeck*, dem Sozial-Drama über die Auswirkungen gesellschaftlicher Deklassierung. In seiner Prosa-Studie *Lenz*, an der Büchner schon bald nach seiner Flucht aus Deutschland zu arbeiten begann, findet sich eine erste eingehende Auseinandersetzung mit psychischen Grenzphänomenen, wie sie auch für die Figur des Woyzeck von zentraler Bedeutung sind. Fast nebenbei fertigte Büchner, der sich während seines zweiten Straßburger Aufenthalts fast ständig in Geldnot befand, als bezahlte Auftragsarbeit die Übersetzungen zweier Dramen des berühmten französischen Dramatikers Victor Hugo (1802–1885) an.

Es ist fast nicht vorstellbar, entspricht aber dennoch den Tatsachen, dass Politik und Literatur für Büchner nur Nebentätigkeiten darstellten. Im Zentrum seiner Bemühungen stand die Wissenschaft, der er sich in gleich drei unterschiedlichen Disziplinen widmete: Die Medizin war als ursprüngliches Berufsziel in seinem Schulabschlusszeugnis vermerkt worden; für sie immatrikulierte er sich sowohl in Straßburg als auch in Gießen. Daneben galt Büchners Interesse der Philosophie, für die er nachweislich einige universitäre Kurse belegte und die er an der Universität auch zu unterrichten beabsichtigte, weshalb er auch mehrere Vorlesungsskripte zur Geschichte der Philosophie und zu einzelnen Philosophen verfasste. Das dritte wissenschaftliche Tätigkeitsfeld war die Zoologie. Im Vergleich zu Medizin und Philosophie kommt ihr – zu Büchners Zeiten sprach man auch von »vergleichender Anatomie« – eine besondere Rolle zu. Sie entwickelte sich zum Schwerpunkt seines Studiums. Seine Doktorarbeit untersuchte das Nervensystem der Flussbarbe, eines Süßwasserfischs. Sie gehörte damit ins Fach der Zoologie. Entsprechendes gilt für seine Probevorlesung, mit der er sich in Zürich für die Tätigkeit als Universitätsdozent qualifizierte, und schließlich auch für die einzige, von Büchner selbst unter dem Titel »Zootomische Demonstrationen« abgehaltene universitäre Lehrveranstaltung sowie für eine noch kurz vor seinem Tod angekündigte Vorlesungsreihe über die »Vergleichende Anatomie der Wirbelthiere«.

Die Ähnlichkeiten mit dem Doktor aus *Woyzeck* sind offensichtlich: Auch er ist weniger an der medizinischen Praxis als an einer »Revolution in der Wissenschaft« interessiert, auch er stellt sich philosophische Fragen wie die nach »Individualität« und »Freiheit«, auch er widmet sich zoologischen Themen wie der Erforschung des »Proteus« (alle Zitate aus der 8. Szene), einer Amphibienart.

Mit seiner Hinwendung zur zoologischen Forschung schien sich Büchners Leben zum Guten zu wenden. Die Geldsorgen waren zunächst einmal ausgestanden. Die erfolgreiche Promotion und die Lehrbefugnis an der neu gegründeten Universität Zürich waren für den Vater überzeugend genug, um mit seinem Sohn wieder ins Reine zu kommen. Bei einer Universitätskarriere, wie sie sich nun für Büchner abzeichnete, standen auch einer Heirat mit seiner Verlobten Wilhelmine Jaeglé keine finanziellen oder gesellschaftlichen Hindernisse mehr im Wege. Als Büchner im Oktober 1836 von Straßburg nach Zürich übersiedelte, hätte das die baldige Gründung einer gut situierten bürgerlichen Familie bedeuten können. Doch am 19. Februar 1837 starb Büchner an den Folgen einer Typhus-Infektion.

Allerdings bleibt unter der glanzvollen Oberfläche der Wissenschaftskarriere auch in Büchners letzten Lebensmonaten eine bohrende Unruhe zu spüren. Ohne Rast widmete er sich nicht nur der Sektion von Fischen, Fröschen und Lurchen, sondern auch weiterhin der literarischen Produktion. Und wieder erscheint die Literatur als ein geeignetes Mittel, dank dessen sich das eigene Handeln überdenken lässt, als Mittel der Selbstreflexion. Als revolutionärer Politiker hatte sich Büchner durch die Niederschrift von *Danton's Tod* die eigene Position noch einmal vor Augen gestellt. Als zoologisch-medizinischer Forscher nutzte Büchner den *Woyzeck*, um den Sinn und die Grenzen von Tier- und Menschenexperimenten zu hinterfragen. Büchner gehörte zu den Menschen, die nicht nur die Welt, sondern immer auch das eigene Handeln in dieser Welt einer gründlichen Kritik zu unterziehen bereit sind. Die Arbeit am eigenen Leben wird so zu einem unabschließbaren, gewagten und bewegten Prozess, den auch die *Woyzeck*-Fragmente bis zum letzten Augenblick von Büchners Biographie bezeugen.

2 Zeitgeschichtlicher Hintergrund

Büchner lebte, arbeitete und schrieb in einer Zeit, in der sich Revolution und Restauration konfliktreich gegenüberstanden. ›Restauration‹ bedeutet ›Wiederherstellung‹; ›Revolution‹ lässt sich mit ›Umwälzung‹ übersetzen. Die Spannung zwischen diesen beiden Bestrebungen ist charakteristisch für die Epoche zwischen 1815, dem Jahr des Wiener Kongresses, und 1848, dem Jahr der Märzrevolution. Auf der einen Seite fanden sich konservative, restaurative Bemühungen, an alten politischen und sozialen Strukturen festzuhalten. Mit Blick auf diese Tendenz nennt man den Zeitraum zwischen 1815 und 1848 »Restaurationsepoche«. Auf der anderen Seite standen progressive, revolutionäre Versuche, Politik und Gesellschaft neu zu ordnen. Mit Blick auf diese Tendenz nennt man genau den gleichen Zeitraum auch »Vormärz«.

Diese politisch-soziale Spannung bestimmte das Grundgefühl Büchners und seiner Zeitgenossen. Neue Probleme – Armut, Industrialisierung, technische Erfindungen – verlangten neue Lösungen, die von den einen herbeigesehnt, von den anderen aufgeschoben wurden. Wer sich das Neue sehnlich wünschte, geriet über das schleppende Tempo der Modernisierung in eine melancholische Tristesse. Büchners Zeitgenossen haben dafür den Begriff des »Weltschmerzes« geprägt. Wer das Neue verschreckt fürchtete, der geriet über das rasante Tempo der Modernisierung in nervöse Angst. Sicherheit schien aus dieser Perspektive nur das Altbewährte zu garantieren. Das Tempo also, in dem sich Gesellschaft, Wirtschaft und Politik neu ordneten, wurde unterschiedlich wahrgenommen. Die Tatsache, dass es zu Büchners Zeiten überhaupt zu einem massiven Modernisierungsschub gekommen ist, stand aber schon damals außer Frage. Mehr noch: Die Erneuerung der Gesellschaft wurde gerade durch den

Konflikt zwischen Restauration und Revolution befeuert. Dies zeigt ein Blick auf die Bereiche der Politik-, Wirtschafts- und Technikgeschichte.

Zu einer ersten Umwälzung alter politischer Systeme kam es im späten 18. Jahrhundert, 1776 mit der amerikanischen Unabhängigkeitserklärung, 1789 mit dem Beginn der Französischen Revolution. In den fünf Koalitionskriegen (1792–1809) kämpften die europäischen Mächte in wechselnden Verbindungen gegen die Verbreitung der revolutionären Ideen und die Expansion der französischen Republik, die seit 1799 von Napoleon geführt wurde. Ergebnis dieser Kriege war zunächst einmal der Zusammenbruch der alten Staats- und Staatenordnung in ganz Europa. Im Juli 1806 bildeten auf den Druck Napoleons 16 deutsche Reichsstände unter französischem Protektorat den Rheinbund. Kaiser Franz II. legte daraufhin im August seine Krone nieder, das Ende des »Heiligen Römischen Reiches Deutscher Nation« war besiegelt. Eine Wendung nahm die Geschichte mit der Völkerschlacht bei Leipzig zwischen dem 16. und 19. Oktober 1813, an deren zweitem Tag Georg Büchner als Kind der neuen Zeit geboren wurde und die mit der militärischen Niederlage Napoleons endete. 1814 dankte Napoleon ab; sein politisches Comeback endete 1815 schon nach 100 Tagen mit der legendären Niederlage bei Waterloo.

In welche politische Lage hinein wurde Büchner also geboren? Die alte politische Ordnung war aufgelöst; zugleich hatten in der neuen Situation nicht die neuen Parteien die Macht, sondern die alten. Die alten Mächte nutzten diese Situation. Sie machten den revolutionären Prozess nicht einfach rückgängig, sondern schufen eine neue Staatenordnung, eine neue Politik, bewahrten dabei aber gleichzeitig zentrale Grundelemente des alten politischen Systems. Dies geschah 1815 auf dem Wiener Kongress, der nach 25 Jahren Krieg und Revolution nun Restauration und Ruhe versprach.

Von nun an wurde die politische Bühne von zwei Grundtendenzen bestimmt, von Restauration und Revolution. Die restaurative Fraktion war in sich noch einmal gespalten, in die Vertreter eines reinen Konservatismus einerseits und die Befürworter einer gemäßigten Modernisierung andererseits. Auch die revolutionäre Fraktion bestand aus mehreren Strömungen, gemäßigten Liberalen auf der einen Seite und radikalen Demokraten auf der anderen Seite. Die Grundstimmung der Zeit war allerdings deutlich restaurativ; die Revolutionäre bildeten die Opposition. Aus dieser Opposition heraus forderten sie dreierlei: einen deutschen Nationalstaat, einen demokratischen Verfassungsstaat und einen sozialen Fürsorgestaat. All das war in der damaligen Zeit tatsächlich und im Wortsinne revolutionär: Nationalismus, Konstitutionalismus und Sozialismus. Büchner engagierte sich als oppositioneller Politiker und subversiver Literat vor allem für die sozialen Fragen. Davon zeugt auch der *Woyzeck*.

Im Lauf der folgenden Jahrzehnte kam es nun zu einem beständigen Wechsel zwischen revolutionären Schüben und restaurativen Repressionsmaßnahmen. 1817 traf sich die Opposition bei Eisenach in Thüringen zum Wartburgfest; darauf kam es zum Verbot der studentischen Verbindungen an allen Universitäten. 1819 ermordete der Jenaer Burschenschaftler Karl Ludwig Sand den konservativen Erfolgsschriftsteller und Diplomaten August von Kotzebue; daraufhin wurde mit den Karlsbader Beschlüssen die Aufsicht über die Universitäten und die Zensur noch einmal verschärft sowie eine zentrale Untersuchungskommission eingerichtet. Diese vor allem auf die Initiative des österreichischen Staatskanzlers Metternich zurückgehenden repressiven Maßnahmen blockierten bis 1830 jede öffentliche politische Auseinandersetzung.

Mit der Juli-Revolution des Jahres 1830 wurde in Frankreich die restaurative Bourbonenmonarchie beendet und der Bürgerkönig Louis-Philippe I. eingesetzt. Zwar blieb damit das monarchistische Prinzip erhalten. Dennoch kam es nun, ausgehend vom revolutionären Impuls Frankreichs, in ganz Europa und auch in einigen deutschen Klein- und Mittelstaaten zu Aufständen und Verfassungskämpfen: 1832 traf sich die Opposition in der Pfalz zum Hambacher Fest, auf dem etwa 20 000 bis 30 000 Teilnehmer gegen den Feudalismus und für einen freiheitlichen, demokratischen deutschen Einheitsstaat demonstrierten. 1833 unternahm die hessische Oppositionsbewegung, darunter auch einige Freunde und politische Mitstreiter Büchners, einen revolutionären Sturm auf die Frankfurter Hauptwache, der aber kläglich scheiterte. Für Büchner war dies ein Anlass, von der direkten politischen Aktion zur indirekten Politisierung durch sozialkritische Literatur überzugehen, wie er sie mit seinem *Woyzeck* entworfen hat.

Der Staat hingegen reagierte auf die revolutionären Aktionen der frühen Dreißigerjahre mit der Ausrufung des Belagerungszustands, erwirkte politische Ausnahmerechte für eine polizeiliche Bundeszentralbehörde, führte allein im Zusammenhang mit dem Frankfurter Wachensturm Ermittlungsverfahren gegen 2000 Personen und konzipierte 1834 auf der Wiener Geheimkonferenz ein auf die totale Kontrolle der Öffentlichkeit zielendes Repressionssystem. Alles, was der arme, geknechtete und gedrückte Woyzeck in Büchners Drama an Repressionen über sich ergehen lassen muss, erscheint aus dieser Perspektive wie der individuelle Widerhall einer kollektiven Zwangslage. Wer sich diesem Zwang entziehen wollte, der ging, wie Büchner, ins Exil. Noch vor Straßburg und Zürich etablierte sich Paris als die Hauptstadt der politischen Flüchtlinge. Dort hielten sich neben den Literaten Ludwig Börne und Heinrich Heine auch die politischen Philosophen Karl Marx und Friedrich Engels auf, die 1834 den »Bund der Gerechten« bzw. »Bund der Kommunisten« gründeten.

Dass die sozialen Fragen einen so hohen Stellenwert in der politischen Auseinandersetzung gewinnen konnten, hängt unmittelbar mit der wirtschaftlichen Entwicklung in der ersten Hälfte des 19. Jahrhunderts zusammen. Die sogenannte Industrielle Revolution bereitete sich zwar schon vor 1815 vor, und sie wurde auch nach 1848 noch weitergeführt. Doch genau in der Restaurationsepoche, genau im Vormärz kam es zum *Take-Off* der Industrialisierung. Hier setzte sich durch, was das Bild der industrialisierten Gesellschaft des 19. Jahrhunderts prägen sollte: erstens die Industriefabrikation, zweitens die marktorientierte Warenproduktion und drittens die dampfbetriebenen, automatisierten Kraft- und Arbeitsmaschinen. Auch in der Landwirtschaft machte sich die Industrialisierung bemerkbar. Einerseits setzten sich gegen die alten feudalen Strukturen moderne, marktorientierte Produktionsmethoden durch; die Erträge konnten deutlich gesteigert werden. Andererseits konnte das Wachstum der Landwirtschaft jedoch nicht mit dem noch rasanteren Bevölkerungswachstum mithalten; systematische Versorgungsengpässe und periodisch auftretende Hungersnöte waren die Folge. Im Zuge dieser Umstellungen im Wirtschaftsgefüge entstand ein ganz neues Phänomen: der Pauperismus. Bezeichnet wurde mit diesem Begriff die ausweglose Armut einer ganzen Bevölkerungsgruppe, die trotz ununterbrochenen Arbeitens ausnahmslos aller Familienmitglieder, trotz Mehrfachbeschäftigungen und 16-Stunden-Tagen nicht in der Lage war, ihr Existenzminimum zu sichern. Büchner hat dieses Phänomen der Verelendung einer ganzen Bevölkerungsschicht nicht übersehen. Auch davon legt sein *Woyzeck* Zeugnis ab.

Es handelt sich dabei nicht um die natürliche Armuth, wie sie [...] immerfort Einzelne befallen mag. Der Pauperismus ist da vorhanden, wo eine zahlreiche Volksclasse sich durch die angestrengteste Arbeit höchstens das nothdürftigste Auskommen verdienen kann, auch dessen nicht sicher ist, in der Regel schon von Geburt an und auf Lebenszeit solcher Lage geopfert ist, keine Aussichten der Änderung hat, darüber immer tiefer in Stumpfsinn und Rohheit versinkt, den Seuchen, der Branntweinpest und viehischen Lastern aller Art, den Armen-, Arbeits- und Zuchthäusern fortwährend eine immer steigende Zahl von Rekruten liefert und dabei immer noch sich in reißender Schnelligkeit ergänzt und vermehrt.

Brockhaus »Conversations-Lexikon«, 9. Auflage, Band 11, 1846, S. 15 f.

Büchner empfand den Zwiespalt seiner Zeit in seiner ganzen Schärfe: auf der einen Seite der Glanz des technischen und gesellschaftlichen Aufbruchs, auf der anderen Seite das Elend der Modernisierungsverlierer. Von der Aufbruchsstimmung zeugt schon die Neuordnung der Naturwissenschaften, die sich auf positivistische und empirische Verfahren verpflichteten, jede Spekulation ablehnten und das Experiment als die zentrale Methode wissenschaftlichen Arbeitens etablierten. Von der Aufbruchsstimmung zeugt auch die Unzahl größerer und kleinerer Erfindungen und Entdeckungen, die in der ersten Hälfte des 19. Jahrhunderts die Welt bisweilen einschneidend, bisweilen beiläufig veränderten. So publizierte etwa Charles Darwin sein epochales Werk über *Die Entstehung der Arten* zwar erst 1859, doch schon 1836, im Promotionsjahr Büchners, war er zu Schiff unterwegs auf Entdeckungsreise; und schon 1837, im Todesjahr Büchners, skizzierte er in einem Notizbuch erstmals das Grundgerüst seines Evolutionsgedankens. Das Verhältnis von Mensch und Tier beschäftigte

Thomas Mann Baynes: Fantascope disc, 1833.

Büchner auch im *Woyzeck*. Ähnliches lässt sich in anderen Bereichen beobachten, etwa in der Technikgeschichte der Medien. So beginnt beispielsweise 1839, knapp nach Büchners Tod, mit der Erfindung der Daguerreotypie die Geschichte der Photographie. Kurz zuvor, 1833, hatten gleichzeitig Simon Stampfer in Wien und Joseph Plateau in Genf die »Zauberscheiben« bzw. »Lebensräder« erfunden: Auf eine Scheibe wurden einzelne Bilder montiert und in Drehung versetzt; durch eine Lücke betrachtet, ergab sich die Illusion von Bewegung. »Stroboskopische Zauberscheiben«, »Phantasmasope« und »Wundertrommeln« wurden zu Verkaufsschlagern. Der Weg von solchen Erfindungen zu Büchner ist nicht weit: In den Jahren, in denen Büchner Woyzecks halluzinatorische Erlebnisse auf die Bühne bringt, wird die Halluzination ein erstes Mal medientechnisch herstellbar: als Effekt einer sich drehenden Scheibe oder eines rotierenden Zylinders.

Schlaglichtartig wird so Büchners Gespür für die Ambivalenzen seiner Zeit sichtbar. Büchner war ein genauer Beobachter der politischen, sozialen, wirtschaftlichen, wissenschaftlichen und technischen Entwicklungen. Das restaurative Beharren auf althergebrachten Gewohnheiten war seine Sache nicht. Doch auch von einem blinden Fortschrittsglauben blieb er stets denkbar weit entfernt.

3 Entstehungsgeschichte

Die Entstehungsgeschichte zu Büchners *Woyzeck* lässt sich auf zwei knappe, einander widersprechende Formeln bringen: Von der Entstehungsgeschichte des Dramas wissen wir nichts. Vom Drama kennen wir ausschließlich die Entstehungsgeschichte.

Wir wissen nichts von der Entstehungsgeschichte, weil Büchner offenbar niemandem, auch nicht seiner Verlobten, seiner Familie oder seinen engen Freunden, explizit von der Arbeit am *Woyzeck* erzählt hatte. Die handschriftlichen Fragmente des Dramas wurden erst nach Büchners Tod in seinem Nachlass entdeckt. Nachträglich lassen sich jedoch einige Vermutungen anstellen, wann und unter welchen Bedingungen Büchner am *Woyzeck* gearbeitet haben könnte. Die wissenschaftliche Beschäftigung mit seiner Promotion hatte ihm, wie er in Briefen mitteilt, wohl bis zum 1. Juni 1836 keine Zeit für dichterische Tätigkeiten gelassen. Dann allerdings kündigte er an, mit »Ferkeldramen« (DKV, Band II, S. 441) Geld verdienen zu wollen. Gemeint ist damit wahrscheinlich zunächst einmal die für einen Lustspielwettbewerb geschriebene, allerdings zu spät eingesandte Komödie *Leonce und Lena*. Ab August 1836 ist in Büchners Briefen immer wieder von einem Band die Rede, in dem er zumindest zwei Dramen zu veröffentlichen gedenke. Eines dieser Dramen hätte wohl der

Woyzeck sein sollen. Im August 1836 könnte also die Arbeit am Manuskript und vor allem an der sogenannten ersten Entwurfsstufe (H1, »H« steht für »Handschrift«) begonnen haben. Im September spricht Büchner von »zwei fertigen Dramen«. Das ist gewiss etwas übertrieben, aber doch als Indiz dafür zu werten, dass er nun schon die zweite Entwurfsstufe (H2) abgeschlossen haben könnte. Papier- und Tintenanalysen, die erst in den letzten Jahren mit neuen, detektivischen Methoden vorgenommen werden konnten, machen es wahrscheinlich, dass Büchner auch mit der letzten Entwurfsstufe (H4) noch in Straßburg und nicht erst nach dem 18. Oktober in Zürich begonnen hat. Aus der letzten Straßburger Zeit stammt ein Brief, der deutlich auf das Mordgeschehen im *Woyzeck* hinweist:

> Dabei bin ich gerade daran, sich einige Menschen auf dem Papier totschlagen oder verheiraten zu lassen, und bitte den lieben Gott um einen einfältigen Buchhändler und ein groß Publikum mit so wenig Geschmack, als möglich. (DKV, Band II, S. 448)

Dass Büchner auch in seinen letzten Züricher Wochen noch am *Woyzeck* gearbeitet haben muss, bezeugt ein Brief vom 20. Januar 1837, in dem er über »die Freude am Schaffen meiner poetischen Produkte« spricht: »Der arme Shakspeare war Schreiber den Tag über und mußte Nachts dichten, und ich, der ich nicht wert bin, ihm die Schuhriemen zu lösen, hab's weit besser.« (DKV, Band II, S. 465) Das ist, bedenkt man das enorme Arbeitspensum, das Büchner in seinem letzten Lebensjahr bewältigt hat, eine gezielte Untertreibung: Auch Büchner muss seinen *Woyzeck* – wie schon *Danton's Tod, Lenz* und *Leonce und Lena* – in kargen Zwischenräumen geschrieben haben, nachts, nebenbei, zwischendurch.

19ten Sonntag. Der Athem wurde schwerer, die Schwäche größer, der Tod mußte nahe seyn. [...] Wir lasen einige Gedichte, wir sprachen von Ihm, bis Wilhelm eintrat Minna zu rufen, damit sie dem Geliebten den letzten Liebesdienst erzeige. Sie that es mit starker Ruhe, aber dann brach ihr Schmerz laut aus. Ich nahm sie in meine Arme u. weinte mit ihr.

Caroline Schulz: Bericht über »Büchners letzte Tage«, 1837. Zitiert nach: Georg Büchner. Leben, Werk, Zeit. Ausstellung zum 150. Jahrestag des »Hessischen Landboten«. Marburg 1987, S. 261.

Alles, was wir von der Entstehungsgeschichte des Dramas wissen, müssen wir also aus indirekten Aussagen und chemischen Papier- und Tintenanalysen erschließen. Genaues und Verlässliches ist uns nicht bekannt. Und doch gilt gleichzeitig, dass alles, was wir überhaupt von dem Drama wissen können, ausschließlich seine Entstehungsgeschichte ist. Dies liegt daran, dass es ein fertiges, vollendetes und autorisiertes Drama namens *Woyzeck* nicht gibt. Was wir heute haben, das ist ein Haufen äußerst schwer lesbarer Handschriften, insgesamt 46 Seiten in sehr mitgenommenem Zustand. Mit viel Mühe lassen sich aus den unterschiedlich großen, unterschiedlich gefalteten und unterschiedlich ineinander geschobenen Papierbögen vier verschiedene Szenenzusammenhänge herausarbeiten: eine erste Entwurfsstufe mit 21 Szenen (H 1,1 bis H 1,21), eine zweite Entwurfsstufe mit neun Szenen (H 2,1 bis H 2,9), ein Zusatzblatt, auf dem zwei weitere Szenen notiert sind (H 3,1 und H 3,2), und schließlich die letzte Entwurfsstufe, auch Hauptentwurf genannt, die aus insgesamt 17 Szenen besteht (H 4,1 bis H 4,17). Manche Szenen wiederholen sich, manche sind gestrichen, manche widersprechen einander. Erhalten ist vom *Woyzeck* also nicht das fertige Produkt; erhalten sind ausschließlich die Spuren seiner Produktion. *Woyzeck* ist ein *work in progress*, ein noch unabgeschlossener Arbeitsprozess, der vom Tod – gewissermaßen an einem zufälligen Zeitpunkt – unterbrochen worden ist.

Vieles, was man aus den unterschiedlichsten *Woyzeck*-Ausgaben kennt, stammt deshalb gar nicht von Büchner selbst, sondern von seinen unzähligen Editoren, von denjenigen, die Büchners *Woyzeck* für uns lesbar gemacht haben. Das beginnt schon mit dem Titel. Er stammt nicht von Büchner. Die Manuskripte sind unbetitelt. Das geht weiter mit der Reihenfolge der Szenen. Es gibt keine verbindliche Endfassung, weshalb die Szenen in der Editionsgeschichte immer wieder umgestellt und neu kombiniert wurden. Man ist heute mittlerweile zu einer gut begründeten Abfolge der Szenen gelangt. Ob Büchner selbst die Szenen schließlich auf diese Weise angeordnet hätte, darüber lässt sich nur spekulieren. Es gibt von Büchner auch kein Personenverzeichnis, keine begriffliche Fixierung einzelner Abschnitte, es gibt keinen Fettdruck und keine Kursivierungen. All dies sind editorische Zusätze, die dort entstehen, wo aus der unfertigen Folge fragmentarischer Manuskripte eine Bühnen- und Lesefassung hergestellt wird. Büchners Text gewinnt damit an Lesbarkeit und Spielbarkeit. Doch je mehr der Text an Lesbarkeit gewinnt, desto mehr verliert er an Authentizität.

Damit ist nicht gesagt, dass die existierenden Ausgaben des *Woyzeck* wertlos sind, dass die Editoren, also diejenigen, die aus dem Manuskript ein Buch gemacht haben, grundsätzlich falsch vorgehen. Im Gegenteil, denn für den *Woyzeck* gilt: Man kann nicht nicht edieren. Gäbe es die Editionen nicht, dann hätten wir zwar Büchners Original-Material, aber wir hätten nichts, was wir nur irgendwie lesen könnten, wie ein Blick auf die erhaltenen Manuskripte deutlich macht (vgl. S. 27). Wir brauchen die Editoren. Sie erst stellen den Text her,

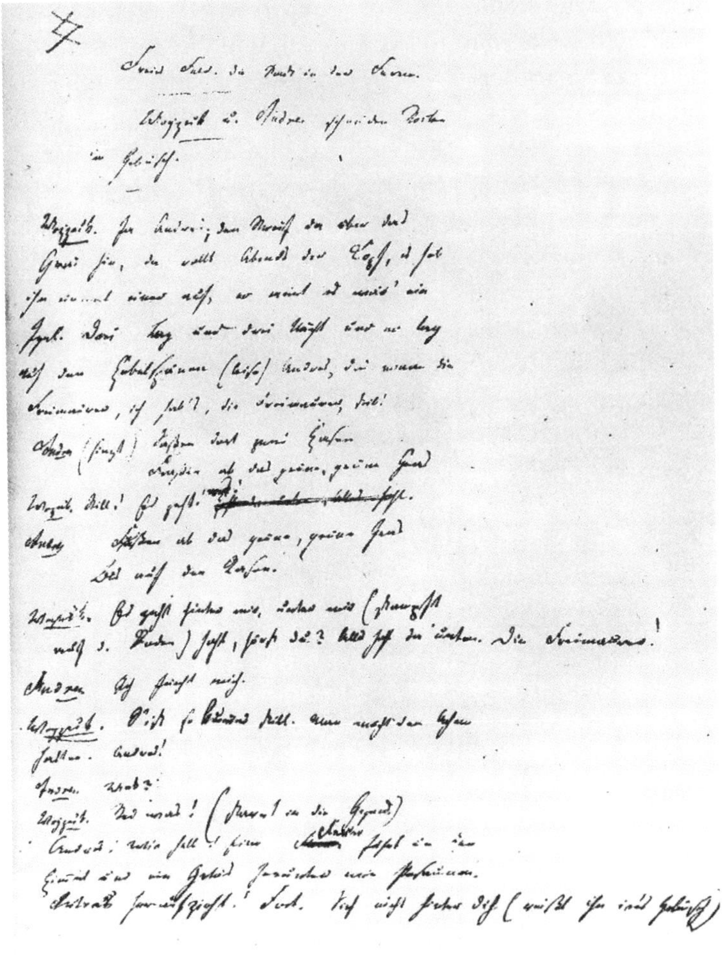

Manuskriptseite aus Georg Büchners Dramenfragment. Es handelt sich hierbei um die erste Szene des am weitesten fortgeschrittenen Entwurfs (H 4, 1), mit der heute die Lese- und Bühnenfassungen beginnen: »Freies Feld. Die Stadt in der Ferne. Woyzeck und Andres schneiden Stöcke im Gebüsch.«

den wir dann lesen, aufführen und interpretieren können. Und doch sollte man nie vergessen, wie viel mit dem Text passiert ist, nachdem Büchner ihn geschrieben hat und bevor wir ihn lesen. Zwischen dem Schreiben und dem Lesen klafft bei allen literarischen Texten eine Lücke. Im Falle des *Woyzeck* ist aus der Lücke ein Abgrund geworden. Die Interpretation von Büchners *Woyzeck* dreht sich deshalb nicht nur um die Frage, was einzelne Figuren, einzelne Szenen, einzelne Sätze bedeuten, sondern auch darum, wie diese Bedeutung entsteht, wie sie gesetzt, variiert, zurückgenommen oder bestätigt wird. Wer Büchners *Woyzeck* interpretiert, muss dessen Entstehungsgeschichte immer mit im Blick behalten.

II Inhaltsangabe

Es gibt grundsätzlich zwei Möglichkeiten, die Geschichte von Büchners *Woyzeck* zu erzählen, je nachdem, ob man sich an den transkribierten Manuskripten (das heißt den in Druckschrift übertragenen Handschriften) oder an einer Lesefassung orientiert. Geht man von den Handschriften aus, dann müsste man gleich mehrere Geschichten erzählen, die unterschiedlich verlaufen, in denen Handlungen unterschiedlich motiviert werden, deren Hauptfiguren unterschiedlich heißen und die sogar unterschiedlich enden.

Die erste Handschriftenfolge (H 1) skizziert ein Eifersuchtsdrama: Ein Soldat namens Louis ermordet aus Eifersucht seine Geliebte Margreth. Die zweite Handschriftenfolge (H 2) erzählt von sozialer Macht und Ohnmacht: Ein Soldat namens Franz Woyzeck wird von einem Doktor und einem Hauptmann medizinisch und militärisch drangsaliert. Die dritte Handschriftenfolge (H 3) bietet zwei freischwebende Szenen: In der einen hält ein Professor einen improvisierten Vortrag, bei dem Woyzeck als Gehilfe auftritt; in der anderen spricht Woyzeck mit seinem Kind und einem Idioten. Die letzte Handschriftenfolge (H 4) beginnt mit einer Kombination aus Eifersuchts- und Sozialdrama. Die Geliebte heißt nun Marie; die militärischen und medizinischen Belastungen Woyzecks werden nun stärker mit dem Thema des Wahnsinns verknüpft. Zu einem Mord kommt es in dieser vierten Handschriftenfolge allerdings nicht. Die Handlung bricht vorher ab.

Aus heutiger Perspektive hat diese offene Form, diese in sich vielfältige und widersprüchliche Handlungsfolge einigen Reiz. Die Literatur des 20. Jahrhunderts und auch das Kino unserer Zeit haben vielfach mit solchen offenen Formen experimentiert. Doch es ist wenig wahrscheinlich, dass Büchner, hätte er den *Woyzeck* vollenden können, es bei einer derartigen

Offenheit und Unbestimmtheit belassen hätte. Deshalb bietet eine Lesefassung einen Vorschlag, auf welche Weise Büchner aus seinen mehrfachen Ansätzen eine einheitliche Geschichte hätte formen können. Ausgangspunkt für solche Lesefassungen ist stets die letzte Handschriftenfolge (H4), deren Lücken und vor allem deren fehlendes Ende dann aus den anderen Handschriften ergänzt werden. Daraus ergibt sich eine Abfolge von 27 Szenen.

1. Szene (= H 4,1)
Woyzeck ist mit seinem Kameraden Andres vor der Stadt auf dem freien Feld. Sie schneiden Stöcke im Gebüsch. Woyzeck beschreibt, wie er die Welt wahrnimmt. Er sieht einen Streifen im Gras und denkt an rollende Köpfe. Er hört Schritte hinter sich, sieht aber niemanden, der da gehen würde. Hinter all dem Unerklärlichen vermutet er das Wirken der Freimaurer. Voller Furcht verstecken sich Woyzeck und Andres im Gebüsch, es geschieht aber nichts, alles bleibt still. Dann ertönt das Trommelsignal aus der Stadt. Woyzeck und Andres müssen zurück in die Kaserne.

2. Szene (= H 4,2)
Marie steht mit ihrem Kind auf dem Arm am Fenster, die Nachbarin Margreth dicht dabei draußen auf der Straße. Der Tambourmajor kommt mit seiner Blaskapelle vorbei und grüßt. Die beiden Frauen äußern sich enthusiastisch über den Mann, geraten dann aber in Streit. Margreth bemerkt, in welchem Maß sich Marie für den Tambourmajor interessiert, und reizt sie mit Anspielungen auf ihren Lebenswandel. Marie schlägt erzürnt das Fenster zu. Sie singt ihrem Kind etwas vor. Dann klopft es ans Fenster, Woyzeck schaut kurz vorbei, Marie bittet ihn herein, doch Woyzeck ist in Eile, er erzählt nur hastig und wirr von seinem seltsamen Erlebnis vor der

Stadt und geht wieder fort. Marie äußert sich besorgt über den psychischen Zustand Woyzecks, der der Vater ihres gemeinsamen Kindes ist.

3. Szene (= H 1,1 und H 1,2 sowie H 2,3 und H 2,5)
Woyzeck, Marie und ihr Kind sind auf dem Jahrmarkt. Ein Ausrufer kündigt eine Tierschau an, bei der ein Pferd Rechenkünste vorführen, ein Kanarienvogel weissagen und ein Affe als Soldat auftreten sollen. Woyzeck und Marie beschließen, die Vorstellung zu besuchen. Ein Unteroffizier und der Tambourmajor sind gleichfalls anwesend; ihr Interesse gilt vor allem Marie, von der sie begeistert sind. Im Innern der Bude kommentiert der Marktschreier die Vorführung der Tiere und betont vor allem deren menschenähnliche Vernunft. Der Unteroffizier verhilft Marie zu einem besseren Platz in der Zuschauermenge.

4. Szene (= H 4,4)
Marie sitzt in ihrer Stube, das Kind auf dem Schoß, an den Ohren schönen Schmuck. Erfreut betrachtet sie sich in einer kleinen Spiegelscherbe. Unvermutet tritt Woyzeck ein; sie versucht, den Schmuck zu verbergen, doch Woyzeck hat ihn gesehen. Marie beteuert, dass sie die Ohrringe gefunden habe. Woyzeck glaubt ihr nicht, setzt sie aber nicht weiter unter Druck. Er übergibt Marie seinen Militärlohn und auch Geld aus zusätzlicher Arbeit im Privatdienst des Hauptmanns. Dann muss er sofort wieder zur Kaserne. Marie bleibt mit einem schlechten Gewissen zurück.

5. Szene (= H 4,5)
Woyzeck rasiert den Hauptmann. Dabei unterhalten sich die beiden, auch wenn es sich zunächst eher um einen Monolog des Hauptmanns handelt, dem Woyzeck nur durch ein mo-

noton-militärisches »Ja wohl, Herr Hauptmann« assistiert. Der Hauptmann fordert Woyzeck auf, sich mit der Rasur nicht zu sehr zu beeilen, denn er könne ja doch nichts mit der so gewonnenen Zeit anfangen. Diese Überlegung wird für den Hauptmann zum Ausgangspunkt für eine Reflexion über Zeit und Ewigkeit, an der er melancholisch zu verzweifeln droht. Er kommentiert Woyzecks verhetztes Aussehen; er macht sich über dessen mangelnde Bildung lustig; und er kritisiert die mangelnde Moral Woyzecks, der ein Kind ohne den Segen der Kirche habe. An dieser Stelle bezieht Woyzeck gegenüber dem Hauptmann erstmals eigene Positionen. Jedes Kind habe Gottes Segen, ganz gleich, ob es ehelich oder unehelich geboren sei. Zudem sei dieses missliche Schicksal des Kindes allein auf seine prekäre finanzielle Situation zurückzuführen: Um im Sinne des Hauptmanns moralisch sein zu können, brauche man Geld, denn nur dann könne man heiraten. Der Hauptmann ist daraufhin bereit, Woyzeck als einen guten Menschen anzusehen; dessen Reden und Denken geht ihm aber zu weit. Dann ist die Rasur fertig und der Hauptmann schickt Woyzeck weg.

6. Szene (= H 4,6)

Der Tambourmajor und Marie sind allein. Sie sprechen miteinander, sie sehen sich an, sie fassen sich an, sie umarmen sich. Die Affäre beginnt.

7. Szene (= H 4,7)

Woyzeck ist bei Marie. Er ahnt, was vorgefallen ist. Marie versucht, sich herauszureden. Woyzeck glaubt ihr nicht. Sich keck gegen die Angriffe Woyzecks auflehnend, verweist Marie darauf, dass ihn die ganze Sache nichts angehe, und deutet damit schließlich doch an, dass etwas vorgefallen sein könnte.

8. Szene (= H 4,8)

Woyzeck ist beim Doktor. Der Doktor beschuldigt ihn, sich nicht an den Vertrag gehalten zu haben. Für zwei Groschen am Tag hat Woyzeck sich dazu verpflichtet, all seinen Urin vom Doktor untersuchen zu lassen, doch dieser hat gesehen, wie Woyzeck auf offener Straße an die Wand uriniert hat. Woyzeck verteidigt sich mit dem Hinweis auf die Natur; der Doktor setzt dem entgegen, dass der Schließmuskel, wie er selbst in einer wissenschaftlichen Abhandlung nachgewiesen habe, dem freien Willen unterliege. Der Doktor fordert von Woyzeck neuen Urin. Die Untersuchung seiner Harnwerte ist Teil eines ausgefeilten Ernährungsexperiments, das der Doktor mit Woyzeck durchführt und mit dem er zu revolutionären wissenschaftlichen Ergebnissen gelangen will. Sein nur mühsam beherrschter Zorn auf die Versuchsperson legt sich erst, als Woyzeck von seinen unheimlichen Halluzinationen und abstrusen Vorstellungen erzählt. Der Doktor diagnostiziert eine psychische Erkrankung. Damit wird Woyzeck für ihn über die Fragen des Körperlichen hinaus zu einem interessanten Fall. Der Zorn wendet sich in Begeisterung. Woyzeck bekommt eine Zulage.

9. Szene (= H 4,9 und H 2,7)

Der Hauptmann und der Doktor treffen auf der Straße zusammen. Der Hauptmann erzählt dem Doktor von seiner Schwermut, seiner Melancholie, seinem Weltschmerz. Der Doktor führt diesen psychischen Zustand auf die physische Konstitution des Hauptmanns zurück. Er warnt ihn, dass er eventuell einen Hirnschlag erleiden und ganz oder halbseitig gelähmt werden könnte. Für diesen Fall verspricht der Doktor dem Hauptmann, mit ihm wunderbare Experimente zu veranstalten. Der Hauptmann ist erschrocken, lässt sich aber gleich auf ein witziges Wortgefecht mit dem Doktor ein. In dieser Situation erscheint Woyzeck, den Hauptmann und Doktor nun gemeinsam traktieren. Sie machen so lange Anspielungen auf die Affäre zwischen Marie und dem Tambourmajor, bis Woyzeck vollkommen außer sich gerät. Das freut den Doktor, der Woyzeck den Puls misst und eine weitere Verschlechterung seines psychischen Zustands diagnostiziert. Woyzeck geht ab, der Doktor folgt ihm begeistert, der Hauptmann bleibt alleine und melancholisch zurück.

10. Szene (= H 3,1)
Der Doktor hält von einem Dachfenster herab vor einigen unten – im Hof oder auf der Straße – stehenden Studenten einen professoralen Vortrag. Das Objekt der wissenschaftlichen Belehrung ist zunächst eine Katze, die aus dem Dachfenster geworfen werden soll. Woyzeck ist als Gehilfe des Doktors anwesend. Als die Katze davonläuft, nutzt der Doktor kurzerhand Woyzeck als Demonstrationsobjekt, der erstens wie ein Tier mit den Ohren zu wackeln vermag und zweitens infolge der Erbsendiät Haarausfall hat.

11. Szene (= H 4,10)
Andres und Woyzeck sitzen in der Wachstube. Andres singt und ist wohlgemut. Woyzeck ist unruhig, weil er von ferne Tanzmusik hört. Es hält ihn nicht länger im Raum, er muss hinaus.

12. Szene (= H 4,11)
Vor dem Wirtshaus unterhalten sich Handwerksburschen über die Freuden des Branntweintrinkens. Aus dem Wirtshaus tönt Tanzmusik. Woyzeck stellt sich ans Fenster und sieht Marie mit dem Tambourmajor vorbeitanzen. Er gerät in heftige Erregung, die zwischen Zorn und Verzweiflung schwankt.

13. Szene (= H 4,12)

Woyzeck ist allein draußen auf dem Feld. Dort wird er von akustischen Halluzinationen bedrängt. Er hört Musik. Und er hört Stimmen, die ihn unentwegt dazu auffordern, Marie zu ermorden.

14. Szene (= H 4,13)

Es ist Nacht. Andres und Woyzeck liegen gemeinsam in einem Bett. Woyzeck wird von Schlaflosigkeit gequält, mit geschlossenen Augen sieht er den Tanz, hört er die Tanzmusik und hört auch eine Stimme aus der Wand. Andres rät, gegen das Fieber Schnaps mit Pulver zu trinken.

15. Szene (= H 4,14)

Im Wirtshaus treffen der Tambourmajor und Woyzeck aufeinander. Der Tambourmajor wirft sich in Pose und fordert Woyzeck auf, mit ihm Schnaps zu trinken, was Woyzeck pfeifend verweigert. Daraufhin kommt es zu einem Handgemenge zwischen den beiden; der Tambourmajor ringt Woyzeck nieder.

16. Szene (= H 4,15)

Woyzeck ist bei einem Juden, der gebrauchte Dinge verkauft. Woyzeck überlegt, ob er eine Pistole oder ein Messer erwerben soll. Die Pistole ist ihm zu teuer, er nimmt das Messer. Der Jude vermutet Selbstmordabsichten; Woyzeck deutet an, dass mit dem Messer außer Brotschneiden auch andere Dinge getan werden können.

17. Szene (= H 4,16)

Marie blättert für sich in der Bibel. Zweimal stößt sie zufällig auf Textpassagen, die sich auf ihre eigene Untreue beziehen lassen. Sie versucht zu beten. Sie stößt das Kind, das sich an sie drängt, von sich. Woyzeck, so sagt sie zu sich, ist nun schon den zweiten Tag nicht gekommen. Sie ist unruhig, fühlt sich leer und verzweifelt.

18. Szene (= H 4,17)
Woyzeck betrachtet in der Kaserne seine wenigen Besitztümer; er vermacht Andres seine Jacke; er erinnert sich an seine Mutter; er liest sich selbst seine Personalpapiere vor. Andres vermutet wieder, dass Woyzeck an Fieber leidet. Woyzeck macht eine Anspielung auf eine bevorstehende Hinrichtung.

19. Szene (= H 1,14)
Marie spielt mit Kindern vor der Haustür. Eine Großmutter erzählt ein grausiges Märchen von einem Kind, dessen Eltern gestorben sind, das durch eine gänzlich abgestorbene Welt irrt und sich in den Himmel flüchtet, wo sich aber der Mond als ein Stück faules Holz, die Sonne als eine verwelkte Blume und die Sterne als getötete Mücken erweisen. Das Märchen endet mit der unendlichen Einsamkeit des Kindes. In diesem Augenblick tritt plötzlich Woyzeck auf, um Marie abzuholen. Marie fragt, wo es hingehen solle. Woyzeck gibt keine Antwort.

20. Szene (= H 1,15)
Marie und Woyzeck sind alleine auf freiem Feld. Marie möchte zurück in die Stadt, Woyzeck hält sie fest. Er erinnert sie an den Beginn ihrer Liebe. Zwei Jahre sind sie nun schon zusammen. Marie versucht erneut, sich ihm zu entziehen. Woyzeck drängt sich daraufhin nur noch mehr an sie, spricht von ihren heißen Lippen, ihrem Hurenatem, macht dunkle Andeutungen, wird blass. Maries Furcht steigert sich zu Entsetzen; sie ruft um Hilfe. Doch es ist zu spät. Woyzeck sticht zu.

Jens Harzer als Woyzeck und Juliane Köhler als Marie in Martin Kusejs Inszenierung von Georg Büchners »Woyzeck« am Bayerischen Staatsschauspiel München im Jahr 2007.

Marie stirbt nicht schnell. Woyzeck muss mehrfach zustechen, wieder und wieder. Als er Leute kommen hört, läuft er weg.

21. Szene (= H 1,16)
Zwei Leute, die in der Nähe der Mordstelle vorbeikommen, hören die jämmerlichen Laute eines sterbenden Menschen. Der eine möchte fortlaufen, der andere aber drängt darauf, sich die Sache anzusehen.

22. Szene (= H 1,17)
Woyzeck ist wieder im Wirtshaus. Er singt und tanzt, ist aufgedreht und bändelt mit einer Frau an. Doch die Frau entdeckt Blut an seiner Hand. Einige Gäste und der Wirt kommen dazu. Woyzeck versucht sich herauszureden, doch seine Erklärungen sind wenig glaubhaft. In die Enge getrieben, verlässt er fluchtartig das Wirtshaus.

23. Szene (= H 1,18)
Kinder unterhalten sich darüber, dass eine Leiche gefunden worden sei. Sie wollen sie auch sehen und eilen fort.

24. Szene (= H 1,19)
Woyzeck ist an den Tatort zurückgekehrt und sucht das Messer, das ihn verraten könnte. Er sieht noch einmal die Leiche Maries, spricht sie an, beschreibt ihr schwarzes Haar, ihre bleiche Haut, das rote Blut. Er findet das Messer, hört Leute kommen und flieht.

25. Szene (= H 1,20)
Woyzeck kommt an einen Teich und wirft das Messer hinein. Sofort erscheint ihm der Wurf zu kurz geraten, das Messer könnte im Sommer beim Baden entdeckt werden. Er geht dem Messer nach, findet es und wirft es noch einmal, diesmal weiter in den See hinaus. Ganz zufrieden ist er auch damit nicht, nun könnte das Messer beim Tauchen entdeckt werden. Im Wasser stehend, reinigt sich Woyzeck vom Blut.

26. Szene (= H 1,21)
Ein Polizeidiener spricht davon, dass es sich um den schönsten Mord handle, den es seit Längerem in der Gegend gegeben habe. Einige weitere Amtspersonen, darunter auch ein Arzt und ein Richter, hören zu.

27. Szene (= H 3,2)
Woyzeck sitzt mit seinem Kind und einem Idioten zusammen. Der Idiot hält das Kind auf dem Schoß und spricht anspielungsreiche Abzählreime. Das Kind wendet sich schreiend von Woyzeck ab. Woyzeck gibt dem Idioten Geld, damit er dem Kind ein kleines Gebäck kaufen kann. Der Idiot läuft mit dem Kind weg; Woyzeck bleibt allein zurück.

III Analyse und Deutung

1 Form

Offene und geschlossene Form im Drama

Büchners *Woyzeck* lässt sich auf zwei gegensätzliche Grundtypen des Dramas beziehen, die offene und die geschlossene Form. Von der Literaturwissenschaft wurde das Stück zunächst ganz der offenen Form zugeschlagen. Erst neuerdings geraten auch Elemente in den Blick, die als Kennzeichen einer geschlossenen Form gelten. Was aber genau heißt das: geschlossene und offene Form im Drama?

Formüberlegungen zum Drama beginnen stets mit dem Blick auf die klassische Forderung der Einheit von Handlung, Zeit und Raum, wie sie im europäischen Sprachraum ausgehend von der Poetik des Aristoteles formuliert wurde. Drei weitere wichtige Formbereiche bilden die Personen, die Komposition und die Sprache. In insgesamt sechs Kategorien lassen sich demnach geschlossene und offene Form einander gegenüberstellen (vgl. zum Folgenden Klotz).

Die *Handlung* bildet bei der geschlossenen Form eine kompakte Einheit. Sie verläuft kontinuierlich, beginnt meist mit einer klaren, die Vorgeschichte erhellenden Exposition und konzentriert sich gerne auf duellartige Konstellationen zwischen einem Protagonisten und einem Antagonisten. Bei der offenen Form hingegen laufen oft mehrere Handlungsstränge nebeneinander. Es gibt Sprünge in der Handlung, und bisweilen hat die Handlung weder einen motivierten Anfangspunkt noch ein zwingendes Ende. Der Zusammenhang wird mehr durch metaphorische Verklammerung und verborgene Verknüpfungspunkte als durch ein klares Handlungsgerüst hergestellt. An die Stelle des Duells tritt hier die Konzentration auf ein zentrales Ich.

Die *Zeit* zeichnet sich bei der geschlossenen Form durch Bündigkeit aus. Idealerweise läuft das gesamte Geschehen innerhalb eines Tages ab. Zeit erscheint lediglich als das neutrale Raster, innerhalb dessen sich die Handlung vollzieht; sie ist reine Sukzession, reine Abfolge. Die offene Form dagegen arbeitet mit weiten Zeiterstreckungen. Oft finden sich zeitliche Lücken. Zugleich bekommt die Zeit eine eigene Qualität, sie wird selbst zum handelnden Akteur. Immer wieder kommt es zu Augenblicken reiner Präsenz, reiner Gegenwart.

Auch der *Raum* erscheint bei der geschlossenen Form als eine Einheit. Das ganze Geschehen spielt sich an einem einzigen Ort ab. Der Spielort wird damit tendenziell neutral, eigenschaftslos. Es ist ein heller, transparenter Raum. Die offene Form des Dramas hingegen arbeitet mit einer verwirrenden Ortsfülle. Es gibt sprechende Szenen- und Ortswechsel, der Ort selbst hat stets eine eigentümliche Bedeutung. Es ist ein dunkler, opaker Raum.

Das *Personal* ist im geschlossenen Drama auf wenige Spieler begrenzt, die Gefühle werden beherrscht, der Körper bleibt stumm. Im offenen Drama hingegen treten viele Personen auf, die Emotionen sind in Unordnung, das Physische, Körperliche wird stark betont.

Die *Komposition* ist im geschlossenen Drama tektonisch, betont wird der Akt, zurückgenommen wird die Bedeutung der Szene, sichtbar sind Symmetrien, Analogien und stimmige Proportionen. Das offene Drama hingegen ist assoziativ komponiert, der Akt wird vernachlässigt, die einzelnen Szenen werden selbstständig, sichtbar sind die Prinzipien von Wiederholung, Variation und Kontrast.

Die *Sprache* ist im geschlossenen Drama von Einheitlichkeit geprägt; sie ist erlesen, komplex, allgemein. Zum offenen Drama hingegen gehört Sprachvielfalt; die Sprache ist oft derb, brüchig, konkret.

Welcher dieser beiden gegensätzlichen Formen *Woyzeck* zuzurechnen ist, scheint auf den ersten Blick sehr klar zu sein: Büchners Drama gilt als ein Musterbeispiel der offenen Form. Schon 1887 hat sich der Erstherausgeber des *Woyzeck*, Karl Emil Franzos, in diesem Sinne ausgesprochen: »An ein regelrechtes Trauerspiel dachte Büchner auch damals nicht, wie nie vorher. Formregeln waren ihm überhaupt höchst gleichgültig.« (Zitiert nach Dedner, S. 144) Franzos formulierte mit dieser Beschreibung noch eine scharfe ästhetische Kritik. Nur wenig später, als gegen Ende des 19. Jahrhunderts Naturalisten wie August Strindberg, Frank Wedekind oder Gerhart Hauptmann mit dem klassizistischen Dramenkonzept brachen, wurden genau die gleichen Eigenheiten des Stücks als dessen eigentliche Qualität hervorgehoben. Daran hat man fast das ganze 20. Jahrhundert hindurch festgehalten.

Die *Handlung* des Stücks lässt sich als offen beschreiben: Sie setzt sehr unvermittelt ein. Sie schwankt unentschieden zwischen Eifersuchts- und Sozialdrama. Manche Handlungsfäden werden zwar eingeführt, dann aber unvermerkt wieder fallen gelassen, etwa das gespannte Verhältnis zwischen den Nachbarinnen Marie und Margreth. Auch das Ende bleibt – in allen Versionen – seltsam unbestimmt und offen. Für den Zusammenhang der Szenen sorgt zunächst einmal Woyzeck als zentrales Ich. Er steht als isolierte Person im Mittelpunkt der Handlung und hält so das Geschehen zusammen. Eine Gegenfigur mit vergleichbarem Gewicht gibt es nicht.

Wichtig sind auch die metaphorischen Verklammerungen. So findet sich etwa immer wieder an unterschiedlichen Stellen und artikuliert von unterschiedlichen Personen eine Abwärtsbewegung. In der ersten Szene spricht Woyzeck zu Andres: »hohl, hörst du? Alles hohl da unten.« In der dritten Szene äußern Unteroffizier und Tambourmajor über Marie: »Wie sie den Kopf trägt, man meint das schwarze Haar müsse ihn abwärts ziehn, wie ein Gewicht. [...] Als ob man in einen Ziehbrunnen oder zu einem Schornstein hinunterguckt.« In der siebten Szene findet sich ein Satz Woyzecks, der aus H 2,8 nicht in die Lesefassung übernommen wurde: »Jeder Mensch ist ein Abgrund, es schwindelt einem, wenn man hineinsieht.« (MBA, S. 19) Und in der 25. Szene versenkt Woyzeck das Messer mit den Worten: »So da hinunter!«

Auch die *Zeit* wird im Stück scheinbar recht offen behandelt. Zumindest auf den ersten Blick ist unklar, wie lange die Handlung dauert; bisweilen kann es auch Zeitsprünge geben. Zudem hat die Zeit eindeutig eine eigene Qualität: Die Eile, von der Woyzeck durchweg geplagt ist, ist an seinem Zusammenbruch aktiv beteiligt. So wird die Zeit zum eigenständigen dramatischen Akteur. Auch Momente reiner Gegenwart werden inszeniert, etwa in der Tanz- und in der Mordszene: »Nimm das und das! Kannst du nicht sterben. So! so! Ha sie zuckt noch, noch nicht noch nicht? Immer noch? *(Stößt zu)*« (20. Szene).

Mit Blick auf den *Raum* wird die Offenheit der Form besonders augenfällig. Mit jedem Szenenwechsel ist auch ein Ortswechsel verbunden. Immer wieder übernimmt der Raum eine bedeutungstragende Funktion. Es ist immer ein bestimmter, symbolisch aufgeladener Raum, in dem sich die Dinge ereignen. So findet sich Woyzeck allein und verlassen auf dem freien Feld, als er von seinen Stimm-Halluzinationen überfallen wird (13. Szene); er ist eingesperrt in die Enge des Wirtshauses, als es zur Konfrontation mit dem Tambourmajor kommt (15. Szene); er steht fast buchstäblich bis zum Hals im Wasser, als er die Tatwaffe zu beseitigen versucht (25. Szene). Immer sagt der Raum etwas aus, immer hat der Ort eine eigene Bedeutungsqualität. Wie die Zeit, so wird auch der Raum zum eigenständigen dramatischen Akteur. Fast könnte man sagen: Der Raum mordet mit.

Auch das *Personal* des Stücks ist typisch für die offene Form. Es agieren sehr viele Figuren, oft auch in anonym bleibenden Gruppen wie den Jahrmarktsbesuchern oder den trinkenden Handwerkern. Das Physische wird betont: Es wird rasiert, gepisst, geblutet, geschwitzt, geheult. Die Körper sprechen: Woyzeck etwa läuft durch die Gegend »wie ein offenes Rasiermesser« (9. Szene). Die Gefühle sind in Unordnung; Triebe und Unbewusstes steuern die Handlungen.

Entsprechendes gilt für die *Komposition*. Sie scheint assoziativ, offen. Das Ganze besteht aus einem lockeren Geflecht einzelner Aktionen. Übergreifende Gliederungseinheiten wie den Akt gibt es nicht. Die kleine Einheit ist dominant und wird autonom: Jede einzelne Szene hat genug ästhetische Kraft, um ganz für sich allein stehen zu können. Zwischen den Szenen gibt es dennoch ein Netz von Wiederholungen und Variationen (etwa in den vier Dialogen zwischen Woyzeck und Andres in der ersten, elften, 14. und 18. Szene).

In das Bild passt schließlich auch die Behandlung der *Sprache*. Den Figuren ist eine je eigene Sprechweise zugeordnet. Erkennbar sind hier Dialekt, Soziolekt und Ideolekt. Der Dialekt verweist auf eine regional bestimmte Gegend, allerdings nicht auf den Ort, an dem sich der historische Mord zugetragen hat, sondern auf den Ort, an dem Büchner selbst gelebt hat, auf Hessen, so etwa bei Marie: »Bist doch nur en arm Hurenkind und machst deiner Mutter Freud mit deim unehrliche Gesicht.« (2. Szene) Der Soziolekt verweist auf den sozialen Stand der sprechenden Figuren, so etwa in der distinguierten Sprache des Doktors: »Woyzeck, der Mensch ist frei, in dem Menschen verklärt sich die Individualität zur Freiheit.« (8. Szene) Der Ideolekt schließlich bezeichnet die individuell geprägte, je einmalige Sprechweise, so etwa bei Woyzeck: »Wir haben schön Wetter Herr Hauptmann. Sehn Sie so ein schönen, festen grauen Himmel, man könnte Lust bekommen, einen Kloben hineinzuschlagen und sich daran zu hängen, nur wegen des Gedankenstrichels zwischen Ja, und nein, ja – und nein, Herr Hauptmann ja und nein? Ist das nein am ja oder das ja am nein schuld. Ich will darüber nachdenken.« (9. Szene) Immer wieder benutzt Woyzeck ganz eigentümliche Metaphern, die keineswegs auf Allgemeingültigkeit zielen, sondern auf die Einmaligkeit und Besonderheit seiner Situation. Die Syntax zerbricht dabei zuweilen in unstimmige Splitter: »Sehn Sie Herr Doctor, manchmal hat man so 'nen Charakter, so 'ne Struktur. Aber mit der Natur ist's was anders, sehn Sie mit der Natur *(er kracht mit den Fingern)* das ist so was, wie soll ich doch sagen, zum Beispiel« (8. Szene).

Büchners Drama ist also in mehrfacher Hinsicht ein Paradebeispiel der offenen Form: Es scheint einen streng logisch organisierten, einheitlichen Handlungszusammenhang durch ein offenes Gefüge nur schwach verbundener Einzelhandlungen zu ersetzen. Es bietet autonome Einzelszenen, die weder zwingend aus dem Vorhergehenden abzuleiten sind, noch zwingend in das Folgende münden. Es pluralisiert den Raum, der Aspekte der sozialen Determination anzeigt und so zum dramatischen Subjekt, zum handelnden Akteur aufsteigt. Es inszeniert eine gedehnte, gestreckte, gepresste, springende Zeit, die steuernd und determinierend auf die Figuren einwirkt und so gleichfalls zum dramatischen Subjekt, zum handelnden Akteur avanciert. Es zeigt sprechende Körper; die Figuren handeln mehr aus ihrer Physis heraus, weniger aus kalkulierten Vernunftgründen. Und schließlich hat die Vielfalt der Sprachen mit Dialekt, Soziolekt und Ideolekt eine bedeutungstragende Funktion.

Doch trotz dieser Fülle an Hinweisen auf die offene Form müssen zwei Einschränkungen gemacht werden. Die erste Einschränkung bezieht ihre Kraft aus dem prekären, fraglichen Zustand des Texts. Von all den Dingen, die da offen gestaltet sind, kann man nicht sicher wissen, ob sie Büchner letztendlich so offen halten wollte. Vielleicht ist es nur die Willkür des plötzlichen Todes, die die Szenenfolge als ein offenes und nicht als ein geschlossenes Drama erscheinen lässt. Vielleicht hat der Tod und nicht eine programmatische ästhetische Formentscheidung das Drama offengehalten.

Die zweite Einschränkung verweist nicht auf das, was aus dem Text noch hätte werden können, sondern darauf, was im Text selbst schon zu finden ist. Denn dem geduldigen Blick zeigt sich auch in den Fragmenten eine Tendenz zur Geschlossenheit (vgl. zum Folgenden Dedner). Dies gilt vor allem hinsichtlich des Zeitgerüsts, das von den Szenen aufgespannt wird. Denn kombiniert man die Szenenfolge aus H 4 mit dem Ende der Szenenfolge aus H 1, dann ergibt sich eine enge, fast lückenlose Abfolge konsequenter Handlungsschritte. Sichtbar wird ein sehr knapper und ganz klar umgrenzter Zeitraum, in dem sich die Handlung vollzieht: Die ersten drei Szenen – Woyzeck und Andres auf dem freien Feld, Marie und Margreth als Zuschauer des Zapfenstreichs, die Jahrmarktszene – spielen bei solcher Betrachtung am Abend des ersten Tages. Der zweite Tag beginnt mit der vierten Szene, in der Woyzeck die Ohrringe Maries entdeckt, und endet, nach Rasierszene, Verführungsszene, medizinischen Versuchen und Wirtshauserlebnis, mit dem nächtlichen Gespräch zwischen Woyzeck und Andres in der 14. Szene. Der Rest – Wirtshausschlägerei, Messerkauf, Mord, Spurenvernichtung und finale Einsamkeit – spielt dann am dritten Tag. Insgesamt wären das kaum mehr als 48 Stunden, ein für Handlung und Zeit recht hohes Maß an Einheit.

Aus dieser Analyseperspektive kommen zwei neuartige Verknüpfungsprinzipien in den Blick: die Eile bzw. Hetze und die Tendenz zur Simultaneität. Die Hetze, unter der Woyzeck unablässig zu leiden hat, gibt der Handlung den Charakter eines geschlossenen Nacheinanders, einer strikten Konsekutivität. Das entspricht augenscheinlich ganz genau der Forderung nach der Einheit der Zeit: Es werden keine Sprünge gemacht. Das ist für einen gehetzten Menschen gar nicht möglich. Verschärft man das Prinzip der Hetze noch, dann kommt man zur Simultaneität, zur Gleichzeitigkeit. Mehrfach präsentiert das Drama nämlich einen einzigen Augenblick aus zwei Perspektiven. Das Trommeln aus der Stadt, das Andres und Woyzeck in der ersten Szene auf dem Feld hören, ist genau das gleiche Trommeln, das in der zweiten Szene den Zapfenstreich untermalt. Die Todesschreie, die Marie in der 20. Szene ausstößt, sind genau die gleichen Schreie, die von den Leuten in der 21. Szene gehört werden. Was also in der dargestellten Wirklichkeit gleichzeitig ist, das wird auf dem Theater nacheinander gezeigt. Zwei simultane Ereignisse werden auf zwei sukzessive Szenen verteilt.

Für den engsten Verknüpfungsfall heißt das: was der Zuschauer gerade sieht, bekommt er in der nächsten Szene aus anderer Perspektive zu hören. Für den weniger engen Fall gilt noch immer: wer in einer Szene davon läuft, erreicht in der nächsten sein Ziel. Anders gesagt: In der Raffung der Zeit ist Büchners Dramaturgie der des klassischen Dramas unter Umständen überlegen. Während dort nämlich die Einheit des Ortes die Einheit des Zeitflusses bedingt, kann Büchner durch den Wechsel der Orte und die Simultaneität der Szenen das Minimum des Zeitflusses noch unterbieten.

Burghard Dedner: Die Handlung des »Woyzeck«, S. 149

Im *Woyzeck* finden sich also Elemente sowohl der offenen als auch der geschlossenen Form. Beide Formelemente nutzt

Büchner in einer spezifisch modernen Weise. Sehr auffällig ist dies mit Blick auf die Offenheit: Pluralität, Diskontinuität, Unbestimmtheit, Brüchigkeit gelten als Kennzeichen der Moderne, die Büchner auf der Ebene der dramatischen Form durchspielt, reflektiert und nutzbar macht. Weniger auffällig, aber doch sehr wirksam, gilt dies auch für die Weise, in der Büchner auf Geschlossenheit setzt. Denn die Zeit – als knappe Zeit, als drängende Zeit, als das eigene Leben in ein hartes Raster pressende Zeit – ist ein Grundthema der Moderne, mit dem auch wir heute noch bis in unseren Alltag hinein täglich konfrontiert werden. Woyzeck hastet von Termin zu Termin. Die Zeit lässt ihm kaum einen Freiraum, sie drängt ihn vielmehr unter das Diktat der Beschleunigung. Büchner nutzt also die Handlungs- und Zeitvorgaben der geschlossenen Form, um die Qual einer überforderten Ich-AG auf die Bühne zu bringen. Das hatte vor ihm noch kein Dichter in dieser Intensität gewagt.

Soziales Drama und groteske Komödie

Büchner hat sich in seinem schriftstellerischen Leben an unterschiedlichen dramatischen Gattungen versucht. *Danton's Tod* ist ein Geschichtsdrama, *Leonce und Lena* ein Lustspiel, eine Komödie. Womit aber hat man es beim *Woyzeck* zu tun? Von Büchner selbst gibt es hierzu keine Angaben. Von seinen Lesern und Zuschauern ist das Stück dann in unterschiedlicher Weise aufgenommen worden: als klassische Tragödie, insofern die Handlung zwingend auf die Schlusskatastrophe zulaufe; als soziale Tragödie, insofern die Katastrophe aus den gesellschaftlichen Abhängigkeitsverhältnissen heraus begründet werde; als soziales Drama, insofern hier eine ganz neue soziale Schicht zum zentralen Personal erhoben werde; als groteske Komödie, insofern das Stück voller überdreht komischer Details stecke.

Vor allem die Stichworte »soziales Drama« und »groteske Komödie« sind für eine Interpretation des Stücks von Belang. Als soziales Drama gehört Büchners *Woyzeck* zu einer Gattung, die für die Theatergeschichte des 19. Jahrhunderts von zentraler Bedeutung ist. Als groteske Komödie zeigt das Stück, wie meisterhaft Büchner mit Ambivalenzen, mit Unbestimmtheiten, mit Widersprüchlichkeiten zu spielen versteht. Büchners *Woyzeck* ist ein soziales Drama, das von den gegenläufigen Tendenzen einer grotesken Komik unter Spannung gesetzt wird.

Das soziale Drama ist eine Untergattung der Tragödie. »Sozial« nennt man Dramen, in denen die Figuren in ihrer Abhängigkeit von sozialen Verhältnissen gezeigt werden. Anders formuliert: Das Personal des sozialen Dramas ist sozial determiniert. Das hat Konsequenzen für die Figurengestaltung. Die einzelnen Personen erscheinen nicht als selbstbestimmte Charaktere; es gibt kein eigenständiges, selbstverantwortliches Handeln. Diese Entmündigung des Subjekts reicht bis in dessen Sprache. Die Figuren beherrschen nicht ihre Sprache, sondern werden umgekehrt von der Sprache beherrscht. All diese Kennzeichen finden sich auch im *Woyzeck*.

Das soziale Drama setzt sich literaturgeschichtlich erst im 19. Jahrhundert durch. Es ist aus dem bürgerlichen Trauerspiel hervorgegangen. Das bürgerliche Trauerspiel ist eine Gattung des 18. Jahrhunderts. Es wurde in Deutschland vor allem durch Gottfried Ephraim Lessing etabliert. Bürgerliches Trauerspiel und soziales Drama haben einige Gemeinsamkeiten: In beiden Fällen werden unterprivilegierte Figuren, denen der Zugang zum symbolischen, ökonomischen und politischen Kapital verstellt ist, zu Protagonisten einer Tragödie erhoben. Gesellschaftlich niedrig stehenden Menschen wird eine tragische Ausdrucksform zugestanden. Das ist im

Devid Striesow als Woyzeck und Jana Schulz als Kind in Laurent Chétouanes Inszenierung des »Woyzeck« am Deutschen Schauspielhaus Hamburg von 2005.

18. Jahrhundert alles andere als eine Selbstverständlichkeit. Bis etwa 1750 galt unangefochten die Ständeregel, nach der das hohe Genre der Tragödie entsprechend hohem Personal, Königen und Göttern, vorbehalten war. Niedere Schichten hatten ihren Platz dagegen in der Komödie. Diese Hierarchie wird vom bürgerlichen Trauerspiel unterlaufen. Nun können auch die Bürger Gegenstand einer tragischen Handlung werden. Vom sozialen Drama wird diese integrierende Bewegung radikalisiert. Mehr noch als die politische Machtlosigkeit kommen nun die Mechanismen des gesellschaftlichen Ausschlusses, der sozialen Deklassierung in den Blick. Die Protagonisten entstammen nicht mehr dem dritten Stand, dem Bürgertum, sondern dem vierten Stand. Sie sind Proletarier und arme Kleinbürger. Sie sind Opfer ökonomischer, nicht mehr ständischer Verhältnisse.

Büchners *Woyzeck* steht genau am Übergang zwischen bürgerlichem Trauerspiel und sozialem Drama. Wie im bürgerlichen Trauerspiel werden auch in *Woyzeck* ein Familienkonflikt und gesellschaftliche Spannungen entfaltet; und wie in vielen bürgerlichen Trauerspielen endet auch bei Büchner alles mit einer schönen, weiblichen Leiche. Radikal neu gegenüber dem bürgerlichen Trauerspiel ist bei Büchner allerdings, dass er einen Proletarier zum Protagonisten der Tragödie erhebt. Deshalb wird *Woyzeck* bisweilen auch als das erste soziale Drama der deutschen Literaturgeschichte bezeichnet. Zudem lässt sich dem Stück eine scharfe Kritik des Mitleidskonzepts entnehmen, von dem aus Lessing sein bürgerliches Trauerspiel entworfen hatte. Für Lessing sollte das Theater vor allem die Mitleidsfähigkeit des Menschen fördern. Dagegen ist erst einmal wenig zu sagen. Doch Büchner zeigt, wie die bürgerliche Tugend zu einer Ideologie verkümmern kann. Im Hauptmann wird Mitleid zur Karikatur, zum bloßen Wort: »Moral das ist wenn man moralisch ist, versteht er. Es ist ein gutes Wort.« (5. Szene) Der Hauptmann mag mitleidig reden; sein Handeln jedoch ist grausam.

An der Frage des Mitleids wird sichtbar, wie Büchner sich mit dem sozialen Drama kritisch vom bürgerlichen Trauerspiel absetzt. Aus Büchners Perspektive arbeitet das Mitleidskonzept des bürgerlichen Trauerspiels mit einer zu universalen, zu abstrakten Kategorie. Es propagiert zwar Mitleid mit allen Menschen, reserviert dieses Mitleid dann aber doch für eine bestimmte Menschensorte, für den gut situierten Bürger. Büchner setzt dem ein allumfassendes Mitleiden mit der Kreatur entgegen, das auch den geringsten Menschen noch mitbedenkt. Für das Drama hat diese Neuorientierung eine einschneidende Folge: Die Ökonomie wird zum dramatischen Akteur; die wirtschaftliche Lage wird zum handlungsbestimmenden Element. Dafür bedarf es einer neuen dramatischen

Form, die nicht mehr auf das autonome und souveräne Subjekt der klassischen Tragödie zurückgreift, sondern stattdessen eine Poetik der Determination entwirft.

Was heißt das: Poetik der Determination? In Büchners *Woyzeck* geht es weniger um Entwicklungen und Entscheidungen als um Zustände und Zusammenhänge. Diese ökonomischen, sozialen und physischen Zusammenhänge und Zustände bestimmen die Handlungen der Figuren. Niemand im *Woyzeck* ist sein eigener Herr: Woyzeck nicht, Marie nicht, aber auch nicht der Tambourmajor, nicht der Hauptmann, nicht der Doktor. Alle haben einen sehr eng begrenzten Handlungs- und Entscheidungsspielraum. Fast alles wird ihnen von außen vorgegeben. Genau dies macht Büchner über die eigentümliche, durch Dialekt, Soziolekt und Ideolekt bestimmte Sprache der Figuren deutlich. Die Sprache ist kein Medium der Freiheit, sondern ein Raum des Zwangs: Sie müssen so sprechen, wie sie sprechen, ganz gleich, ob sie das wollen oder nicht. Der Sprachzwang der Figuren verweist auf den gesellschaftlichen Zwang, unter dem sie stehen.

An der Figur Woyzecks macht Büchner zudem deutlich, dass der moderne Mensch nicht nur einem einzelnen Zwang unterworfen ist, sondern vielmehr eingeschnürt ist in ein ganzes Bündel von Zwängen, von Vorgaben, von Vorschriften, von Befehlen. Woyzeck ist umstellt und durchdrungen von Milieu, Ökonomie, Militär und Medizin. Über ihn wird allseits disponiert. Büchner setzt dies dramatisch um, wenn er in der Unrast der vielen kurzen Szenen seinen Protagonisten von einer Aussichtslosigkeit in die nächste hetzt. Das heißt Poetik der Determination: Woyzeck ist nicht Subjekt, sondern Objekt der Handlung; er ist nicht Herr seiner Sprache, sondern deren Opfer; er bestimmt nichts selbst, sondern wird – im rasenden Wechsel der Szenen – seinerseits vielfach von außen bestimmt.

Büchners *Woyzeck* ist ein Musterbeispiel für das Genre des sozialen Dramas. Doch findet sich in diesem Stück auch eine gegenläufige Bewegung, lässt es sich doch auf Traditionen des Komischen beziehen. Bei zwei Figuren ist das besonders auffällig. Büchner hat sie in seinem Manuskript als flüchtige Zeichnung am Rande skizziert: den Doktor und den Hauptmann. Für die Komik der Handlungen ist es von Bedeutung, dass die beiden Figuren auf zwei typisierte Masken der Commedia dell'arte verweisen.

Die Commedia dell'arte wurde im 16. Jahrhundert in Italien entwickelt. In dieser Form des Improvisationstheaters wird, ausgehend von einem unveränderlichen, typisierten Personal, den sogenannten Masken, und einer knappen, stets neuen Handlungsskizze aus dem Stegreif heraus ein Theaterabend bestritten. Alles wird in einer sehr prägnanten, überzogenen Weise gespielt: große Bewegungen, große Worte, große Gefühle. Gegen Ende des 18. Jahrhunderts verlor die Commedia

Dottore und Capitano. »Masken der Commedia dell'arte«, entworfen von Maurice Sand, gestochen von A. D. Manceau (1860).

Doktor und Hauptmann als Randzeichnungen in Büchners Manuskript (H 2, 7).

dell'arte zwar an Popularität, doch ist sie als Nebenzweig der Komödiengeschichte bis in unsere Zeit erhalten geblieben.

Der Doktor, der in Büchners Zeichnung als hagere, spitznasige Figur erscheint, ist in deutlicher Anlehnung an die Maske des Dottore gestaltet, der Hauptmann orientiert sich an der Maske des Capitano. Auf dieses Potenzial des Komischen ist in der Inszenierungsgeschichte des *Woyzeck* bisweilen zurückgegriffen worden. Ein Beispiel hierfür bietet Thomas Ostermeiers Inszenierung aus dem Jahr 2003. Ostermeier, der die Handlung ins heutige Vorstadtmilieu verlegt, zeigt in einer Szene, wie der Hauptmann sich auszieht und im Tanga-Slip baden geht. In einer geziert übertriebenen Haltung, die an den überzeichneten Bewegungsstil der Commedia dell'arte erinnert, geht er – ein entblößter Capitano – großen Schrittes auf einen kleinen Teich zu, springt hinein und beginnt ein groteskes Kraulschwimmen.

Darüber kann und soll gelacht werden. Doch steckt in diesem Lachen auch eine Gefahr. Denn es ist ein herablassendes Lachen, ein Verlachen. In solch einem Verlachen ist man selbst besser als derjenige, über den man lacht. Und gewiss sollen wir besser sein als der Doktor und der Hauptmann, die beiden unmenschlichen Peiniger Woyzecks. Doch wollte Büchner es uns so leicht machen und uns im Sinne einer Verlach-Komödie schon vorab in eine moralisch überlegene Position versetzen, von der aus wir uns mokieren können? Gegen solch einfache und für den Betrachter bequeme Lösungen sichert sich Büchner ab, indem er mit seiner Komik auch nicht vor der Titelfigur Halt macht. An Woyzeck haftet ebenfalls etwas Lächerliches, etwas Groteskes.

Auch dies lässt sich beispielhaft an der Inszenierung von Thomas Ostermeier verdeutlichen. Dieser Woyzeck, vom Schauspieler Bruno Cathomas zuweilen in mimischer Nähe zum Komiker Rowan Atkinson alias Mr. Bean gespielt, kommt daher wie ein Harlekin – auch dies eine typisierte Maske der Commedia dell'arte. Er stolpert, rülpst, verhaspelt sich. Er rasiert dem Hauptmann nicht das Gesicht, sondern die Beine und den Po. Die Urinprobe für den Doktor presst er mit einem lauten Schrei aus seiner leeren Blase. Damit kommt eine Komik ins Spiel, die mit einem überlegenen Verlachen nichts mehr gemein hat. Baudelaire hat diese subversive, körperlich-sinnliche Komik mit dem Begriff des Grotesken umschrieben. Das Groteske setzt dem herablassenden Verlachen ein befreiendes Mitlachen entgegen. Ein solches Lachen vermag – versuchsweise, möglicherweise – das Subjekt Woyzeck für kurze Augenblicke in Freiheit zu versetzen.

Als Figur eines sozialen Dramas ist Woyzeck vom vielfältigen Zwang der Umstände vollständig bestimmt. Als Figur einer grotesken Komödie bleibt ihm vielleicht ein Spielraum: die groteske Komik des eigenen Körpers.

2 Figuren

Woyzeck

Büchner hat zwar seinem Manuskript selbst keinen Titel gegeben. Es wäre also nicht ganz richtig, Woyzeck als den Titelhelden des Dramas zu bezeichnen. Aber dennoch ist er ganz unbestreitbar der Protagonist des Geschehens, ist er die zentrale, alles andere überstrahlende Hauptfigur des Dramas. Dies zeigt sich schon an einem rein quantitativen Befund: Woyzeck tritt in 22 der insgesamt 27 Szenen auf. Von den fünf Szenen, die ohne Woyzeck auskommen, gehören zudem drei in den abschließenden Mordkomplex; und es handelt sich dabei lediglich um kurze Einwürfe von verschreckten Ohrenzeugen, neugierigen Kindern und wichtigtuerischen Gerichtspersonen. Woyzeck ist demnach im Stück nahezu allgegenwärtig. Eine vergleichbare Präsenz kann keine der anderen Figuren für sich beanspruchen.

Damit erfüllt die Figur des Woyzeck, wie schon erwähnt (vgl. S. 41 dieses Bands), zugleich eine kompositorische Funktion: Woyzeck ist das zentrale Ich, das über alle zentrifugalen Tendenzen des Stücks hinweg ein Mindestmaß an formaler Einheit verspricht. Der Handlungsverlauf mag sprunghaft erscheinen, doch jeder Sprung landet verlässlich wieder bei Woyzeck. Der Handlungsfaden mag ausfasern, doch bleibt jede einzelne Faser auf Woyzeck bezogen. Das Drama mag von Schauplatz zu Schauplatz rasen und dabei zugleich von Thema zu Thema wechseln, von der Angst zur Liebe, von der Eifersucht zur Machtlosigkeit, von der Musik zum Geld, vom Militär zur Medizin, von den Tieren zu den Soldaten, vom Wahnsinn zur Moral, vom Märchen zum Mord, und doch findet sich auf jedem Schauplatz wieder Woyzeck ein, und doch kreuzen und verwirren sich in dieser einen Figur all die unterschiedlichen Themen zu einem harten Knoten.

In seinem letzten Gespräch mit Andres, kurz vor dem Mord, gibt Woyzeck eine Selbstbeschreibung. Aus seinen Sachen zieht er ein Papier hervor und liest: »Friedrich Johann Franz Woyzeck, geschworner Füsilier im 2. Regiment, 2. Bataillon 4. Compagnie, geboren Mariae Verkündigung ich bin heut den 20. Juli alt 30 Jahre 7 Monat und 12 Tage.« (18. Szene) Dieser Mensch ist ein Soldat. Das klingt zunächst einmal einfach. Doch liegt in dieser Selbstbeschreibung ein für Woyzeck charakteristisches Problem: Woyzeck will sich seiner eigenen Stellung in der Welt versichern, erkennt sich aber nicht als eigene, eigenständige Person, sondern greift auf ein Schriftstück zurück, das ihm vorschreibt, wer er sein soll, indem es ihn in bürokratisch-präzisem Ton an einen bestimmten Ort stellt: »2. Regiment, 2. Bataillon 4. Compagnie«. Aus dem Versuch einer Selbstbestimmung wird so der Hinweis auf eine fundamentale Fremdbestimmung. Das wäre der erste Grundzug der Figur, die Büchner geschaffen hat: Woyzeck ist nicht frei, sondern gebunden; er ist nicht selbstständig, sondern fremdbestimmt; er handelt nicht, sondern wird getrieben; in der Sprache eröffnen sich für ihn nicht Spielräume, vielmehr wird er in der Schrift fixiert.

In seiner Selbstbeschreibung erscheint Woyzeck aber nicht nur als Soldat, sondern zudem als Christ: »geboren Mariae Verkündigung«. Mit der Aufklärung hatte im 18. Jahrhundert zwar die Säkularisierung der Gesellschaft begonnen, hatten Kirche und Christentum an gesellschaftlicher Bedeutung verloren. Dennoch waren auch noch im frühen 19. Jahrhundert und gerade unter den Bedingungen der Restauration mit der Religion weiterhin starke gesellschaftliche Normen verbunden. So war – um nur ein berühmtes Beispiel zu nennen – 1835 Büchners Schriftstellerkollege Karl Gutzkow wegen der religionskritischen Passagen seines Romans *Wally, die Zweiflerin* im Gefängnis gelandet. Religion und Macht waren gesellschaftlich eng miteinander verflochten. Wenn Woyzeck die eigene Geburt auf den christlichen Jahreskalender bezieht, das eigene Leben in den Rahmen des christlichen Glaubens und der christlichen Werte stellt, dann dient das nicht nur dem eigenen Seelentrost. Vielmehr klingt darin auch eine Verpflichtung an. Nicht nur das Militär, sondern auch die Religion erscheint bei Büchner als eine Form der Fremdbestimmung. Das wäre der zweite Grundzug der Figur: Wenn Woyzeck fremdbestimmt ist, dann nie durch einen einfachen, einzelnen Zwang, sondern immer durch ein ganzes Bündel an Zwängen, an Vorschriften, an Bezugssystemen.

Was aber passiert mit einem Menschen, der unter der doppelten Verpflichtung des Militärs und des Christentums steht? Er gerät in den Widerstreit zwischen zwei Geboten: Du sollst töten. Du sollst nicht töten. In vielen Bereichen vermögen Militär und Religion gut miteinander auszukommen. Zumindest in diesem einen Fall – und genau dieser Fall, das Töten, steht bei Büchner auf dem Spiel – entsteht ein Konflikt. Wer das Töten grundsätzlich verweigert, ist kein guter Soldat. Wer tötet, ist kein guter Christ. Woyzeck sieht sich als beides: als Soldat und als Christ. Damit untersteht er zwei Forderungen, die einander ausschließen. Genau darin liegt der dritte Grundzug der Figur: Wenn Woyzeck durch mehrere Zwangssysteme zugleich fremdbestimmt ist, dann führt das immer wieder zur Kollision von einander widerstreitenden Ansprüchen. Auf eine Formel gebracht: Woyzeck ist nicht nur ein determiniertes, sondern sogar ein qualvoll überdeterminiertes Subjekt. In ihm ballen sich mehr Bestimmungen, als ein einzelner Mensch zu tragen in der Lage ist.

Die einzelnen Bezugssysteme, unter deren Zwang Woyzeck steht, werden noch im Einzelnen zu analysieren sein: das Militär, die Ökonomie, die Sexualität, die Animalität, die Medizin und Psychiatrie, die Justiz. Entscheidend für eine Charakterisierung der Figur ist jedoch, in ihren Handlungen nicht einfach den eindimensionalen, monokausalen, simplen und berechenbaren Reflex auf eine eindeutige Zwangslage zu sehen, den Effekt eines alles beherrschenden Unterdrückungsmechanismus. Woyzeck ist vielmehr verstrickt in ein komplexes Geflecht von Machtbeziehungen, die einander teils verstärken, teils ignorieren, teils bekämpfen. Das führt zu einer paradoxen Situation: Einerseits mag Woyzeck in seinen Handlungen völlig unfrei sein; andererseits sind seine Handlungen deshalb noch lange nicht berechenbar, vorhersehbar. Man kann sich das vorstellen wie eine Matrix, in der verschiedene, nicht immer miteinander kompatible Programme gleichzeitig ablaufen. Woyzecks Handlungen spiegeln den Kampf dieser Programme, den Kampf der sozialen und kulturellen Mächte. Damit wird die Figur des Woyzeck zum Paradigma des modernen Subjekts, zum einschlägigen Beispiel dafür, was es für einen modernen Menschen bedeutet, auf der Welt zu sein.

Marie

Mit seinen letzten beiden Dramen, einer Tragödie und einer Komödie, spielte Büchner zwei Möglichkeiten zwischenmenschlichen Verhaltens durch, die er in einem Brief auf eine knappe Formel bringt: »totschlagen oder verheiraten« (vgl. S. 24 dieses Bands). Der komödiantischen Heirat hat Büchner einen Titel gegeben: *Leonce und Lena*. Der tragische Totschlag, den Büchner titellos hinterlassen hat, ließe sich entsprechend überschreiben: *Woyzeck und Marie*. Für die besondere Stellung Maries spricht zunächst ein quantitativer Befund. In zehn Szenen ist sie körperlich gegenwärtig, zwar bei Weitem nicht so häufig wie Woyzeck, aber doch alle anderen Nebenfiguren deutlich überragend. In sieben weiteren Szenen ist von ihr zumindest die Rede. Und schließlich widmet ihr Büchner zwei Szenen (die 6. und die 17. Szene), in denen sie sogar ohne Woyzeck, die zentrale Gestalt des Stücks, die Bühne beherrscht.

Marie lebt in einem unehelichen Verhältnis mit Woyzeck und hat mit ihm zusammen ein uneheliches Kind. Damit gerät sie in Konflikt mit gesellschaftlichen Normen, mit dem Verbot außerehelicher Sexualität. Auch dieses Problem, auf das sowohl die Nachbarin Margreth (in der 2. Szene) als auch der Hauptmann (in der 5. Szene) hinweisen, geht aus der Kollision von zwei Ansprüchen hervor. Auf der einen Seite stehen die körperlichen Bedürfnisse, in den Worten Woyzecks: »Man hat auch sein Fleisch und Blut.« (5. Szene) Auf der anderen Seite steht ein Gesetz, das eine Heirat erst dann erlaubt, wenn der Mann ein für eine Familie ausreichendes Einkommen nachweisen kann. Ziel solcher seit dem frühen 19. Jahrhundert verschärft eingesetzten Maßnahmen war es, dem Anwachsen einer verarmten Bevölkerungsschicht entgegenzuwirken. Tatsächlich nahm die Zahl der Heiraten auch deutlich ab; gleichzeitig jedoch nahm die Zahl der unehelichen Kinder spürbar zu. Das ist Woyzecks und Maries Lage.

Marie erlebt die Beziehung zu Woyzeck als einen Zwiespalt. Einerseits gibt es ein gemeinsames Leben, das zwar keine Ehe ist, aber immerhin teilweise wie eine Ehe im frühen 19. Jahrhundert funktioniert. Das zeigt sich vor allem daran, dass Woyzeck finanziell für Marie und das Kind sorgt. Marie ist Hausfrau und Mutter; einer Arbeit scheint sie nicht nachzugehen. Andererseits entwickeln Marie und Woyzeck aus dem gemeinsamen Leben keinen wirklich tragfähigen Zusammenhalt. Sie leiden beide unter dem gleichen gesellschaftlichen Druck, setzen sich aber dagegen nicht etwa gemeinsam zur Wehr, sondern richten die unter solchem Druck entstehende zornige Energie gegeneinander. Marie weist Woyzeck zurück; Woyzeck bringt Marie um.

Zentral für die Figur der Marie ist zweifellos ihre Untreue. Doch worin ist diese Untreue begründet? Das Stück gibt hierauf zwei verschiedene Antworten, die in unterschiedliche Richtungen weisen. Zunächst einmal könnte Maries Untreue schlicht durch ihre schwierige ökonomische Situation hervorgerufen sein. Marie ist arm, und sie hat ein »arm Hurenkind« (2. Szene). Möglicherweise handelt es sich bei der Affäre mit dem Tambourmajor also um eine Art Gelegenheitsprostitution. Als Beleg hierfür, der sich im Stück selbst findet, lässt sich das Geschenk betrachten, das Marie vom Tambourmajor bekommt: zwei schöne, vielleicht sogar aus Gold gefertigte Ohrringe. Dem würde auch entsprechen, dass im historischen Mordfall die gleichfalls außereheliche Geliebte Woyzecks tatsächlich als Gelegenheitsprostituierte bekannt war. Aus dieser Perspektive erscheint Marie als Opfer der sozialen Verhältnisse, denen sie nicht zu widerstehen vermag. Die Untreue entspringt ihrer Schwäche.

Doch kann man auch einen anderen Blick auf Maries Verhalten richten. Marie ist sichtlich vom Tambourmajor beeindruckt. Sie bezeichnet ihn zweimal als »Löw« (2. und 6. Szene), einmal als »Stier« (6. Szene), sie genießt seine körperliche Kraft, seine Stärke, seine männliche Präsenz. In der sechsten Szene, in der die Affäre zwischen den beiden beginnt, bezeichnet sie sich als »stolz vor allen Weibern«; sie tritt vor den Tambourmajor hin und redet ihn direkt mit einem sehr vielsagenden Wort an: »Mann!« Für Marie ist der Tambourmajor in dieser Szene nicht Soldat, ein soziales Wesen, er ist nicht Mensch, ein vernünftiges oder moralisches Wesen, er hat keinen Eigennamen, er ist also auch kein spezifisches Individuum. Vielmehr erscheint er in ihren Augen als »Mann«, als biologisches Wesen – womit der Tambourmajor übrigens sehr zufrieden ist, reagiert er doch bewundernd mit einer gleichermaßen biologischen Einordnung Maries: »Und du bist auch

Peter Moltzen als Woyzeck, Peter Kurth als Tambourmajor, Norman Hacker als Hauptmann und Fritzi Haberlandt als Marie in Michael Thalheimers »Woyzeck« (Salzburger Festspiele 2003).

ein Weibsbild, Sapperment«. Möglicherweise handelt Marie also keineswegs unter dem Zwang der Gelegenheitsprostitution, sondern aus einem eigenen Begehren heraus, ausgehend von ihrem »Fleisch und Blut«. Einen Beleg für diese Deutung liefert die eben beschriebene Verführungsszene, in der Marie keineswegs passiv auftritt. Aus dieser Perspektive erscheint Marie als aktive Frau, die trotz der Einengungen einer konservativen Gesellschaft ihre eigenen sexuellen Interessen durchzusetzen vermag (vgl. Graczyk, S. 108). Die Untreue entspringt ihrer Stärke.

Marie wäre demnach eine Figur, in der Stärke und Schwäche, Unterwerfung und Auflehnung, Determination und Autonomie nebeneinander bestehen. In dieser konfliktreichen Zwiespältigkeit liegt die Tragik, aber auch die Faszinationskraft dieser sozial benachteiligten, später untreuen und schließlich ermordeten Frau.

Hauptmann, Doktor

Der Hauptmann und der Doktor sind zwei Nebenfiguren, die in der ersten Entwurfsstufe, im reinen Eifersuchtsdrama, noch überhaupt nicht vorgesehen sind. Büchner bringt sie erst in der zweiten Entwurfsstufe ins Spiel. Dank ihrer wird die Eifersuchtshandlung um eine soziale, politische, kulturelle Dimension ergänzt, die erst die eigentümliche Modernität dieses Dramas ausmacht. Auch wenn der Hauptmann und der Doktor vergleichsweise wenige Auftritte haben (in insgesamt vier Szenen), sind sie also dennoch für den Charakter des Stücks von ausschlaggebender Bedeutung.

In je einer Szene wird zunächst ihr jeweiliges Verhältnis zu Woyzeck dargestellt: Für den Hauptmann ist er Barbier und Gehilfe (5. Szene); für den Doktor ist er Versuchsperson und Hilfsarbeiter (8. Szene). In einer weiteren Szene stellt Büchner Hauptmann und Doktor zunächst als gegensätzliche Charaktere dar, um sie anschließend einen gemeinsamen Angriff auf Woyzecks Seelenfrieden führen zu lassen (9. Szene). Der Hauptmann mag ein weinerlicher Melancholiker, der Doktor ein zynischer Experimentator sein – gemeinsam jedenfalls sind sie die Peiniger des geschundenen Woyzeck, der unter ihrer Behandlung überhaupt erst ein »interessanter Casus« (8. Szene), ein außerordentlicher Fall wird. Eine letzte Szene, die Büchner auf dem Beiblatt H3 notiert hat und deren Funktion und Bedeutung für den Gesamttext umstritten ist, bringt noch einmal den Doktor als Forscher und Woyzeck als dessen Gehilfen auf die Bühne (10. Szene).

Der Hauptmann steht für den Bereich des Militärs; davon wird später noch ausführlich die Rede sein (vgl. S. 68–71 dieses Bands). Der Doktor steht für den Bereich des Medizinischen, für Naturwissenschaft und experimentelle Forschung (vgl. auch S. 86–92 dieses Bands). Er entstammt, so könnte man sagen, Büchners eigener Lebenswelt.

Den Hauptmann und den Doktor hat Büchner, wie schon erwähnt, in Anlehnung an zwei Masken aus der Commedia dell'arte, an den Capitano und den Dottore, entworfen (vgl. S. 53 dieses Bands). Mit Blick auf den Doktor aber liefert Büchner zugleich eine trickreiche Aktualisierung der Vorlage. Denn in der traditionellen Commedia dell'arte ist der Dottore gerade kein Arzt, sondern ein Jurist. Dies entspricht genau den politischen Verhältnissen zur Blütezeit der Commedia dell'arte, dem 17. und frühen 18. Jahrhundert. Unter den historischen Bedingungen absolutistischer Staaten ist der Jurist die Leitfigur des Politischen: Es waren die Juristen, die das Gesetz des Souveräns, des Königs, in die gesellschaftliche Praxis umsetzten. Die Juristen waren die Handlanger der souveränen Herrschaft. Genau über diese Handlanger macht die Commedia dell'arte sich lustig – und mit ihnen auf verschobene Weise über den Herrscher selbst.

Büchner hingegen entwirft den Dottore nicht als Juristen, sondern als Arzt. Dies entspricht genau den politischen Verhältnissen zu Büchners Zeiten. Unter den historischen Bedingungen einer Gesellschaft, die zunehmend Bevölkerungs-, Gesundheits- und Familienpolitik betreibt, wird im frühen 19. Jahrhundert der Arzt zur neuen Leitfigur des Politischen: Es waren die Ärzte, die die staatliche Sorge um die Gesundheit der Bevölkerung in die gesellschaftliche Praxis umsetzten. Die Mediziner waren die Handlanger der modernen Staatsmacht. Genau über diese Handlanger macht Büchners *Woyzeck* sich lustig – und mit ihnen auf verdeckte Weise über die politische Macht selbst.

Bei aller Komik, die der Figur des Doktors anhaftet, wäre es aber ein Missverständnis, wenn man ihn nicht zugleich als Forscher ernst nehmen würde. Denn zum einen ist es ganz und gar nicht komisch, was er mit Woyzeck anstellt; es ist vielmehr höchst grausam. Zum anderen folgt der Doktor nicht etwa verrückten, grotesken Ideen, sondern einer etablierten, für seine Zeit äußerst fortschrittlichen Wissenschaft. Er behandelt nicht nur Kranke, er macht auch Experimente, entwirft neue Theorien und versteht sich selbst als Forschungsavantgarde: »Es gibt eine Revolution der Wissenschaft, ich sprenge sie in die Luft.« (8. Szene) Allerdings wird auch der Eindruck erweckt, als sei diese Forschung selbst vollkommen verrückt, als sei der Doktor als Wissenschaftler nicht recht ernst zu nehmen. Zum Beispiel sagt er zu Woyzeck: »Aber auf die Wand pissen! [...] Ich hab's gesehn, ich streckte gerade die Nase zum Fenster hinaus und ließ die Sonnenstrahlen hineinfallen, um das Niesen zu beobachten« (ebenda). Das klingt in der Tat lächerlich: das eigene Niesen in der Sonne zu beobachten. Doch ist es wissenschaftlich nicht nur haltbar, sondern zu Büchners Zeiten sogar brandaktuell (vgl. Roth): Mit dem Nies- und Sonnenexperiment bezieht sich der Doktor auf neueste neurophysiologische Forschungen, wie sie im Jahr 1831 von Friedrich Arnold publiziert wurden, und zwar unter dem Titel *Der Kopftheil des vegetativen Nervensystems beim Menschen in anatomischer und physiologischer Hinsicht*. Arnold schreibt:

> Auf gleiche Weise scheint helles Licht Niesen hervorzubringen, indem sich die Reizung der Blendungsnerven zu den mit ihnen verbundenen Nasennerven oder die des Sehnerven durch die Verbindung mit den Nasenknoten auf dem obigen Wege zu dem nervus phrenicus fortpflanzt. (Zitiert nach MBA, S. 512)

Eben dieses Wissen überprüft Büchners Doktor im Selbstexperiment. Er bewegt sich damit wissenschaftlich auf der Höhe seiner Zeit, wie sich auch noch mit Blick auf das Ernährungsexperiment zeigen wird (vgl. S. 86–92 dieses Bands).

Klaus Kinski als Woyzeck und Willy Semmelrogge als Doktor in Werner Herzogs Kinofilm »Woyzeck« von 1978.

Die Figur des Doktors ist von Büchner also in sich widersprüchlich angelegt: Sie ist komisch, insofern sie der Commedia dell'arte entsprungen zu sein scheint; sie ist ernsthaft, insofern sie wissenschaftlichen Forschungsstandards entspricht.

Ähnlich ist es um den Hauptmann bestellt. In seiner maßlosen Melancholie wirkt er immer wieder komisch. Dennoch ist es ihm jederzeit möglich, auf die disziplinarische Gewalt seines Militärrangs zurückzugreifen. Als Woyzeck ihn wegen seiner Anspielungen auf Maries Untreue zu scharf fixiert, zeigt er unwillkürlich, wie weit seine Macht reicht: »Kerl, will er erschossen (werden), will ein Paar Kugeln vor den Kopf haben?« (9. Szene) Der Hauptmann ist ein spaßige Figur, mit der aber keineswegs zu spaßen ist.

3 Gehalt

Wie in allen seinen literarischen Texten arbeitet Büchner auch im *Woyzeck* mit vorgefundenem Material, insbesondere mit dem historischen Mord- und Rechtsfall des Johann Christian Woyzeck. Dokumentiert ist dieser Fall vor allem durch ein psychiatrisches Gutachten, das im Prozessverlauf angefertigt, kurz vor Woyzecks Hinrichtung ein erstes Mal veröffentlicht und nach der Hinrichtung zum Ausgangspunkt für eine weit ausgreifende Debatte um das Verhältnis von Justiz und psychiatrischer Medizin wurde. Für die Interpretation des Stücks ist es von Interesse, wie Büchner mit diesem Material umgeht. Teilweise zitiert er wörtlich aus dem Gutachten; teilweise übernimmt er Handlungssequenzen und Figurencharakteristika, teilweise ergänzt und verändert er den historischen Ablauf. Immer wieder lässt sich beobachten, wie Büchner durch kleine Abweichungen von der historischen Vorlage zu ganz neuen Perspektiven auf den Fall und seine Bewertung gelangt. Um dieses Verfahren beschreiben und einschätzen zu können, muss man sich einen Überblick über den historischen Fall verschaffen.

Johann Christian Woyzeck wurde 1780 in Leipzig geboren, arbeitete zunächst außerhalb seiner Geburtsstadt als Soldat und kehrte 1818 nach Leipzig zurück, wo er eine Beziehung mit der Witwe Johanna Christiane Woost einging. Geprägt war das Verhältnis von Eifersucht; Woyzeck wurde 1821 sogar wegen Misshandlungen zu einem achttägigen Arrest verurteilt. Seine soziale und ökonomische Situation war dramatisch: Er war arbeits- und obdachlos; er lebte von sporadischen Hilfsarbeiten und von Bettelei. Am 2. Juni 1821 erstach er seine Geliebte mit einer abgebrochenen Degenklinge und wurde daraufhin sofort verhaftet. Am 24. August 1821 beauftragte das Gericht den Hofrat Dr. Johann Christian August

Johann Christian Woyzeck. Federlithographie, 1824. Stadtgeschichtliches Museum Leipzig.

Clarus, ein Gutachten über den Gemütszustand des Angeklagten anzufertigen. Nach fünf Unterredungen mit Woyzeck legte Clarus sein erstes Gutachten vor, in dem er dem Angeklagten Zurechnungsfähigkeit attestierte. Das Gericht verurteilte Woyzeck daraufhin zum Tod durch das Schwert. Der Einspruch der Verteidigung sowie ein Gnadengesuch des Prinzen Friedrich August von Sachsen wurden abgelehnt. Doch im November 1821 wies der Privatgelehrte Johann Adam Bergk in einem Brief auf die Gehörhalluzinationen und den Verfolgungswahn Woyzecks hin. Die Urteilsvollstreckung wurde aufgeschoben und Clarus mit einem zweiten Gutachten beauftragt. Am 28. Februar 1823 lag dieses zweite Gutachten vor, das sehr viel ausführlicher war als das erste, aber doch zum gleichen Ergebnis kam. Nachdem das Gutachten noch von der medizinischen Fakultät in Leipzig bestätigt worden war, konnte auch das Urteil erneut in Kraft gesetzt werden.

Am 21. August 1824, wenige Tage vor der Hinrichtung, wurde das zweite Gutachten von Clarus erstmals publiziert; damit sollten das Urteil und seine Vollstreckung für die Leipziger Bevölkerung, die schon seit einigen Jahrzehnten keine Hinrichtung mehr erlebt hatte, nachvollziehbar gemacht werden. Am 27. August 1824 wurde Woyzeck unter den Augen einer ungeheuren Zuschauermenge auf dem Markplatz von Leipzig enthauptet.

Ein Jahr später begann die folgenreiche Nachgeschichte des Mordfalls. 1825 wurde das Clarus-Gutachten erneut veröffentlicht, nun im viel gelesenen Fachblatt *Zeitschrift für die Staatsarzneikunde*. Diese Publikation wurde zum Ausgangspunkt einer ausführlichen, sehr kontroversen Diskussion um die Frage von Woyzecks Zurechnungsfähigkeit im Speziellen und die Frage nach Kriterien für Zurechnungsfähigkeit im Allgemeinen. Allein bis 1836, also bis zu dem Jahr, in dem Büchner mit der Arbeit an seinem *Woyzeck* begann, finden sich – in Aufsätzen, Büchern, Zeitschriften – 62 Beiträge zum Fall Woyzeck.

Militär

Im historischen wie im literarischen Fall sind zwei Formen von Gewalt im Spiel. Der historische Fall beginnt, zumindest in der Wahrnehmung der Zeitgenossen, mit der individuellen Gewalt eines Verbrechens, mit dem Mord. Auf diese Gewalt antwortet der Staat mit einer strafenden Gegengewalt, mit der Todesstrafe. Die erste Gewalt bricht ein Gesetz, die zweite setzt ein Gesetz durch. So unterscheidet die Gesellschaft zwei Formen der Tötung: den illegitimen Mord und die legitime Hinrichtung. Einem kritischen Geist wie Büchner kann eine solche Sicht der Dinge nicht behagen. Mit seinem Drama bezieht er dazu auf eine verschobene, aber sehr effektive Weise Stellung.

Eine der markantesten Änderungen, die Büchner gegenüber dem historischen Fall vornimmt, besteht darin, dass er sich für den Fall nur bis zum Mord interessiert, die juristische Nachgeschichte hingegen nur ganz knapp andeutet. Büchners *Woyzeck* ist zwar ein Rechtsdrama, aber kein Gerichtsdrama. Auf den ersten Blick könnte es scheinen, als würde Büchner damit die Möglichkeit einer Kritik am Rechtssystem verspielen. Denn in der Darstellung einer Gerichtsverhandlung ließe sich ja leicht die staatliche Strafgewalt als tragischer Irrtum darstellen, die Hinrichtung als ein Justizmord – ein Vorwurf, der im historischen Fall von einigen Juristen tatsächlich erhoben wurde. Mehr noch: Es ließe sich zeigen, inwiefern Mord und Hinrichtung miteinander verwandte Handlungen sind, zwei Gewaltakte, die beide unterschiedslos auf die Tötung eines Menschen zielen. Büchner verzichtet auf diese Möglichkeit einer direkten Justizkritik. Doch was auf den ersten Blick wie eine verschenkte Gelegenheit wirkt, erweist sich bei näherem Hinsehen als Strategie der Kritikverschärfung.

Der literarische Woyzeck ist, wie sein historisches Vorbild auch, Soldat. Doch es gibt einen Unterschied. Der literarische Woyzeck ist zum Zeitpunkt des Mordes Soldat. Sein historisches Vorbild hingegen ist zum Zeitpunkt des Mordes schon lange arbeitslos; die Soldatenkarriere liegt schon weit hinter ihm. Gegenüber der Vorlage akzentuiert Büchner auf diese Weise die Rolle des Militärs. An die Stelle, an der im historischen Fall die staatliche Strafgewalt steht, rückt Büchner damit eine andere Form der staatlich legitimierten Gewalt: das Militär. Diese Ersetzung der Strafgewalt durch die Militärgewalt taucht den Fall in ein neues Licht: Das Nacheinander von Gewaltakten – erst eine Gewalt, die das Recht verletzt, dann eine Gewalt, die das Recht wieder durchsetzt – wird in ein Zugleich von Gewaltakten überführt. Mehr noch: Bei Büchner antwortet nicht die Staatsgewalt auf die Gewalt Woyzecks;

vielmehr erscheint Woyzecks Gewalttat als Echo der staatlichen Gewalt, die ihm zuvor beim Militär antrainiert wurde.

Für das Militär wird bezahlt 914,820 Gulden. / Dafür kriegen eure Söhne einen bunten Rock auf den Leib, ein Gewehr oder eine Trommel auf die Schulter [...]. Mit ihren Trommeln übertäuben sie eure Seufzer, mit ihren Kolben zerschmettern sie euch den Schädel, wenn ihr zu denken wagt, daß ihr freie Menschen seid. Sie sind die gesetzlichen Mörder, welche die gesetzlichen Räuber schützen [...]!

Georg Büchner, Der Hessische Landbote

Das Militär ist ein Disziplinarsystem, das Menschen in eine genau definierte, stark normierte Form presst. Und gerade zu Büchners Zeiten wird nicht nur der Körper einem Drill unterworfen, sondern das ganze Leben kontrolliert: Ein Soldat muss nicht nur stark und mutig, er muss auch pünktlich, ordentlich und sittlich sein. All diese Ansprüche wirken sehr spürbar in Woyzeck und seinem Kameraden Andres. So antwortet Woyzeck nicht nur seinem Vorgesetzten, dem Hauptmann, mit einem stereotypen »Ja wohl« (Szene 5); die Formel schleicht sich sogar ins vertraute Gespräch der beiden Freunde ein (vgl. Szene 18). Und wenn in der ersten Szene von Ferne ein Trommelwirbel zu hören ist, dann reagieren die beiden

---

[E]s geht [...] darum, den Körper [...] im Detail zu bearbeiten; auf ihn einen fein abgestimmten Zwang auszuüben; die Zugriffe auf der Ebene der Mechanik ins Kleinste gehen zu lassen: Bewegungen, Gesten, Haltungen, Schnelligkeit.

Michel Foucault, Überwachen und Strafen, S. 175

Soldaten Woyzeck und Andres wie zwei abgerichtete Hunde, deren Verhalten sich von Ferne über Tonsignale steuern lässt. Schlaglichtartig wird damit klar, dass das Disziplinarsystem des Militärs den ganzen Menschen in all seinen Äußerungsformen und all seinen Lebensbereichen erfasst. Für Woyzeck gibt es kein Außerhalb des Militärdienstes; er ist immer und überall auch Soldat.

Büchner inszeniert also – in Abweichung von der historischen Vorlage – eine Gleichzeitigkeit von Militärdienst und Mordgeschichte. Damit unterläuft er die seinerzeit gängige Unterscheidung einer ersten, rechtsverletzenden individuellen Verbrechensgewalt und einer zweiten, rechtskonformen staatlichen Strafgewalt. Das Militär wird sehr eng, fast im Sinne eines Ursachenzusammenhangs, mit dem Mord verknüpft. Dem Militärdienst kommt so eine Mitschuld an dem Mord zu, denn Woyzeck wird durch das Militär »physisch und psychisch verstümmelt und zugrundegerichtet« (Glück 1984 b, S. 228). Das Militär will zwar keine Mörder ausbilden, sondern gehorsame Soldaten. Das mag im Normalfall auch gelingen. Doch Büchner zeigt, dass es von diesem Normalfall immer auch Ausnahmen geben kann, dass ein jedes Disziplinarsystem seine Risiken birgt, dass die Gewalt, die einem Soldaten im Dienst eingetrichtert wird, immer auch unkontrolliert und an unvorhergesehener Stelle wieder hervortreten kann.

Ökonomie

Ein zentrales Thema des Stücks, das durchgehend spürbar ist und oft direkt in Szene gesetzt wird, ist die Armut, genauer: der Zusammenhang von Armut und Arbeit. Woyzeck ist im Drama 30 Jahre alt (vgl. Szene 18). Ein Blick in die Militärgeschichte zeigt, dass er damit zu alt ist, um noch seine normale Militärpflicht abzuleisten. Doch gab es im 19. Jahrhundert die sogenannten Einsteher. Ein Einsteher verrichtet gegen

Bezahlung den Militärdienst für einen begüterten Militärpflichtigen; er steht für ihn ein. Um solch ein Dienstverhältnis könnte es sich bei demjenigen Woyzecks handeln. Der Militärdienst ist für ihn schlicht Erwerbsarbeit. Doch diese Arbeit ist so schlecht bezahlt, dass er nicht von ihr leben kann. Woyzeck ist auf zusätzlichen Nebenerwerb angewiesen: Er schneidet Stöcke, steht im privaten Dienst des Hauptmanns, arbeitet als Versuchsperson und als Gehilfe für den Doktor. Doch trotz dieser vielen Arbeitsverhältnisse, die ihn zu unablässiger Hetze zwingen, kommt er aus seiner Armut nicht heraus.

Dreierlei kennzeichnet Woyzecks Arbeitswelt: Er arbeitet viel; er arbeitet für mehrere Arbeitgeber; und er bleibt trotzdem arm. Woyzeck lebt in einem Zustand »unterentlohnter Überbeschäftigung« (Elm, S. 142). Dargestellt wird damit ein sozialhistorisch markantes Phänomen der Zeit: der Pauperismus. In den Zwanziger- und Dreißigerjahren des 19. Jahrhunderts bildete sich erstmals eine ganze gesellschaftliche Schicht heraus, für die unterbezahlte Arbeit, Mehrfachbeschäftigung und 16-Stunden-Arbeitstage aller Familienmitglieder zur Normalität gehörten und die trotz dieser unmenschlichen Zustände nicht ihr Existenzminimum zu sichern in der Lage war (vgl. S. 20 f. dieses Bands).

Die massive soziale, politische und kulturelle Deklassierung, die damit einherging, wird auch in Büchners *Woyzeck* greifbar. Armut und Arbeit werden hier zum unentrinnbaren Determinationszusammenhang, zu einem Bann, dem sich nicht entkommen lässt. Die Arbeit ist für Woyzeck allgegenwärtig. Sie erfasst sogar körperliche Primärprozesse wie das Urinieren. Seinen ganzen Körper, alle seine biologischen Lebensprozesse hat Woyzeck an den Doktor verkauft. Für ihn gilt in einem ganz unmetaphorischen Sinn, dass sein Leben Arbeit ist. Vom Zwang der Arbeit ist er so durchdrungen, dass sie für ihn selbst mit dem Tod kein Ende zu nehmen scheint:

»ich glaub' wenn wir in Himmel kämen, so müssten wir donnern helfen« (5. Szene). Es gibt für Woyzeck kein Außerhalb der Arbeit; er ist immer und überall auch damit beschäftigt, sich und den Seinen das tägliche Brot zu verdienen.

Wie schon beim Militär, so hat Büchner auch mit Blick auf die Arbeit eine wichtige Veränderung gegenüber der historischen Vorlage vorgenommen. Der historische Woyzeck hatte zu wenig Arbeit; er war arbeitslos. Büchners Woyzeck hingegen hat zu viel Arbeit; er ist überarbeitet. Gegenüber der Vorlage akzentuiert Büchner auf diese Weise die Rolle der Arbeit. Wie schon das Militär, so erscheint auch die Ökonomie als ein System, das Woyzeck in eine sehr eng gefasste, strikt geregelte Form presst. Er ist nicht nur ein Produzent, der ein bestimmtes Arbeitsprodukt erwirtschaftet; er ist vielmehr selbst ein Produkt der Ökonomie. Der Ökonomie kommt so eine Mitschuld an dem Mord zu. Büchner macht das durch ein kleines, sprechendes Detail unmissverständlich deutlich. Als Woyzeck beim Juden die Mordwaffe erwirbt, erwägt er zunächst den Kauf einer Pistole, die ihm aber zu teuer ist. Der Jude bringt dann Geld und Tod in einen unmittelbaren Zusammenhang: »Ihr sollt Euern Tod wohlfeil haben, aber doch nit umsonst. Was is es? Er soll einen ökonomischen Tod haben.« (16. Szene) Damit ist auch der Mord auf das allgemeine System der Ökonomie bezogen, auf den Geld- und Warentausch, der alle Lebensbereiche durchdringt (vgl. Schnyder). Sprechend ist in diesem Zusammenhang der Preis, den Woyzeck für das Messer zu zahlen hat: »Zwei Groschen«. Das entspricht genau dem Tagessatz, den Woyzeck als Versuchsperson im Experiment des Doktors verdient (vgl. Szene 8). Auf diese Weise knüpft Büchner eine unauffällige, aber dichte Assoziationskette: Das Experiment ist Arbeit; die Arbeit bringt Geld; mit Geld lässt sich ein Messer kaufen; mit dem Messer wird gemordet.

Für Büchners Woyzeck gibt es also – in Abweichung zur historischen Vorlage – kein Außerhalb der Arbeit; zugleich gibt es – in Anlehnung an die historische Vorlage – keinen Ausweg aus der Armut. Von Arbeit und Armut führt ein direkter Weg zum Mord. Man kann darin eine frühe Form der Kapitalismuskritik sehen, einen »Tod *durch* ›Ökonomie‹« (Glück 1984 a, S. 169). Man kann auch etwas zurückhaltender von einem »Tod *in* der Ökonomie« (Schnyder, S. 185) sprechen. Das hat den Vorteil, dass die Ökonomie nicht als ein handelndes Wesen betrachtet wird, sondern als ein umfassendes Netz von Zwängen, Interessen, Techniken und Bedürfnissen. In diesem Netz ist der Bewohner kapitalistischer Gesellschaften gefangen; er kann nur innerhalb dieses Netzes handeln, agieren, arbeiten, urinieren, leben und töten. Die Ökonomie in diesem Sinne liefert also die Voraussetzungen für den Mord, ohne unmittelbar an ihm beteiligt zu sein.

Das ökonomische System will keine Mörder hervorbringen, sondern Arbeiter und Konsumenten. Das mag im Normalfall gelingen. Doch Büchner zeigt auch bei der Ökonomie den Ausnahmefall, die möglichen Nebenwirkungen. Und er weist darauf hin, dass dieser Ausnahmefall selbst Teil des ökonomischen Systems ist. Es gibt keinen Reichtum ohne Armut; und wo sich Armut und Arbeit unlösbar miteinander verbinden, da sind die sozialen Bedingungen für Mord und Totschlag gegeben.

Sexualität

Fast alle literarischen Texte Büchners sind durchsetzt mit Metaphern der Sexualität. Sexualität wird dabei als eine Grundenergie moderner Gesellschaften aufgefasst (vgl. Lehmann). Wie alle Energieformen, so hat auch die sexuelle Energie in der modernen Gesellschaft einen zwiespältigen Ruf. Einerseits darf es nie zu wenig von ihr geben; das weiß jeder

Bevölkerungspolitiker, der Anreize zur Steigerung der Geburtenrate setzt. Andererseits darf es auch nie zu viel von dieser Energie geben; das weiß jeder Strafrechtsexperte, der Maßnahmen gegen Sexualverbrechen ergreift. Im 19. Jahrhundert haben sich Politik und Gesellschaft vermehrt solchen Fragen zugewandt. Unausgesprochenes Ziel war dabei stets eine Normalisierung der Sexualität. Die bürgerliche Kleinfamilie bot dafür das ideale Modell: Ein Mann und eine Frau zeugen zwei bis drei Kinder und sorgen so für eine stabile, maßvoll anwachsende Bevölkerung. Das ist der Normalwert der Biopolitik. Für die Gesundheit von Eltern und Kindern wird politisch Sorge getragen. Alles geht ordentlich und sittlich zu. Sexualität gehört zur gesellschaftlichen Normalität; aber sie gehört nicht in die Öffentlichkeit.

Büchner hatte ein feines Gespür für die untergründige Sexualisierung der Gesellschaft. In diesen Raum hinein stellt er die Dreiecksgeschichte von Woyzeck, Marie und dem Tambourmajor. Auch hier zeigt Büchner nicht den Normalfall, sondern die Ausnahme von der Regel: Eine – im Sinne der Zeit – normale Sexualität mit Ehe, Familie und ehelichen Kindern ist für Woyzeck und Marie aus ökonomischen Gründen nicht möglich. In dieser Situation beginnt Marie ihre Affäre mit dem Tambourmajor. Auch die möglichen Gründe für die Untreue liegen außerhalb des damals Normalen. Prostitution widersprach ausdrücklich der bürgerlichen Sexualmoral. Gleiches galt für die Vorstellung, dass eine Frau die eigenen Wünsche, das eigene Begehren zum Ausgangspunkt ihres eigenen sexuellen Handelns erheben könnte. Hier lässt sich wieder auf das Beispiel von Büchners Dichterkollegen Gutzkow verweisen: Die Darstellung einer solchen sexuell selbstbestimmten Frau war neben der Religionskritik ein weiterer Grund, ihn wegen seines Romans *Wally, die Zweiflerin* in Haft zu nehmen. Es ist also durchaus gewagt, wie Büchner

Marie agieren lässt. So viel weibliche Stärke war in der restaurativen Gesellschaft nicht gern gesehen.

Aber nicht nur von weiblicher, auch von männlicher Sexualität ist in dem Stück die Rede. Da ist zunächst einmal das plump-derbe, man könnte sagen: typisch männliche Imponiergehabe des Tambourmajors. Angespielt wird damit auf den Zusammenhang von Sex und Macht. Hier wiederum wird Büchner ganz konventionell: Die Macht ist auf Seiten des Mannes, die Bewunderung auf Seiten der Frau. In Szene gesetzt wird so die patriarchalische Hierarchie der Geschlechter. Marie ist immerhin so frei, von ihren eigenen Wünschen auszugehen. Tatsächlich bilden diese Wünsche aber nichts anderes als das Klischee ab, das die Gesellschaft von Männern und Frauen, von Macht und Unterwerfung hat.

Wie steht es nun um den zweiten Mann im Beziehungsdreieck, um Woyzeck? Woyzeck wird von Marie zunächst heimlich betrogen, dann offen zurückgewiesen. Zwischen Woyzeck und seinem Kontrahenten kommt es im Wirtshaus zu einer offenen Konfrontation. Wobei es darum geht, macht der Tambourmajor schon mit dem ersten Satz der Szene deutlich: »Ich bin ein Mann! *(schlägt sich auf die Brust)* ein Mann sag' ich.« (15. Szene) Das ist selbstbewusst gesprochen, und es ist in der animalisch-äffischen Geste des Brustgetrommels natürlich zugleich auch grotesk komisch. Diese Komik erschließt sich allerdings nur dem Zuschauer des Stücks; für Woyzeck ist das eine bittere und unmittelbare Herausforderung. Indem der Tambourmajor sich selbst als Mann in Pose wirft, spricht er seinem Gegenüber zugleich die Männlichkeit ab. Aus seiner Perspektive ist Woyzeck nicht stark und männlich, sondern alt und weibisch; er lässt sich niederringen und beschimpfen: »Soll ich dir noch so viel Atem lassen als ein Altweiberfurz, soll ich?« Vor diesem Hintergrund lässt sich der Mord als Ergebnis einer verunsicherten Sexualität beschreiben: Mit dem Messer gewinnt Woyzeck gegenüber Marie wieder seine Überlegenheit zurück; er gleicht die Niederlage, die ihm der Tambourmajor zugefügt hat, mit einer selbstbestimmten Tat an verschobener Stelle wieder aus. Das ist mehr als eine bloße Eifersuchtshandlung. Im Mord gehört Marie noch einmal ganz ihm.

Büchner stellt Sexualität also als eine der Grundenergien der modernen Gesellschaft dar, die zumal im frühen 19. Jahrhundert auf eine dezente Normalisierung der Sexualität setzt. Im *Woyzeck* geht es jedoch stets um deren soziale Randerscheinungen. In Anlehnung an die historische Vorlage inszeniert Büchner eine Dreiecksgeschichte mit Eifersucht, Frustration und Rache. In Abweichung von der Vorlage unterlegt er diese Geschichte jedoch mit dem erfundenen Kind, das der historische Woyzeck nicht mit Johanna Woost in Leipzig, sondern mit einer früheren Geliebten in Stralsund hatte. Damit akzentuiert Büchner eine Dimension, die seinerzeit von bevölkerungspolitischem Interesse war: die Familie. Eben deshalb handelt das Drama auch von einer unter Normalisierungsdruck stehenden Sexualität. Diesem Druck hält Woyzeck nicht stand. Die Gesellschaft fordert eine normale Sexualität. Doch Büchner zeigt die Abweichung von der Normalität, die Ausnahme und die Risiken. Woyzeck tötet als Soldat. Und er tötet als armer Arbeiter. Vielleicht tötet er auch als Mann.

Ein Messer für die Leute, die das Fleisch unserer Weiber und Töchter kaufen! [...] ihr arbeitet und sie tun nichts, ergo ihr habt's erworben und sie haben's gestohlen; ergo, wenn ihr von eurem gestohlnen Eigentum ein paar Heller wieder haben wollt, müßt ihr huren und bettlen; ergo sie sind Spitzbuben und man muß sie totschlagen.

Ein Bürger in Georg Büchners Drama »Danton's Tod« (I,2)

Zurechnungsfähigkeit

Als der historische Woyzeck unmittelbar nach seiner Tat verhaftet wird, scheint es sich um einen einfachen Fall zu handeln. Es gibt ein totes Opfer, einen geständigen Täter, ein einleuchtendes Motiv, eine noch blutige Tatwaffe und einen genau rekonstruierbaren Tathergang. Nichts deutet darauf hin, dass dieser Fall in der Rechts- wie in der Literaturgeschichte noch Aufsehen erregen wird. Der Ausgangspunkt für dieses Aufsehen ist die Frage nach der Zurechnungsfähigkeit. War der historische Woyzeck tatsächlich bei klarem Verstand, als er seine Geliebte mit sieben Stichen niedermetzelte? Hatte er sich nicht schon vor der Tat manchmal seltsam verhalten? Hatte er nicht sogar davon berichtet, bisweilen eine fremde, körperlose Stimme um sich zu hören, die ihm Befehle erteilte? Clarus dokumentierte diese Stimme in seinem Gutachten: »Stich die Frau Woostin todt!« (Zitiert nach MBA, S. 280) Ist jemand, der solchen Halluzinationen ausgesetzt ist, nicht eher krank als böse? Sind für ihn nicht eher die Ärzte als die Richter zuständig? Gehört er nicht eher in das Irrenhaus als auf das Schafott?

Die Rechtspsychiatrie hat sich mit diesen Fragen intensiv auseinandergesetzt, einmal im Zuge der Gerichtsverhandlung und einmal nach der Hinrichtung im Zuge einer rechtstheoretischen Debatte. Bedenkt man, dass Büchner diese Kontroverse und die in ihr vorgebrachten Argumente kannte, dann stellt sich die Frage, wie er mit seinem Drama zu Woyzecks Zurechnungsfähigkeit Stellung bezieht. Ist Büchners *Woyzeck* ein Manifest gegen die Justiz und Psychiatrie seiner Zeit?

Um Büchners Beitrag zur Debatte einschätzen zu können, muss man zunächst einen kurzen Blick auf die Debatte selbst werfen. Die Psychiatrie war zu Büchners Zeiten noch eine junge Disziplin. Erst in der zweiten Hälfte des 18. Jahrhunderts hatte sich eine empirische Psychologie zu etablieren begonnen, so etwa mit Karl Philipp Moritz' einflussreichem *Magazin zur Erfahrungsseelenkunde* (1783–1793). Zu ersten Ansätzen einer Institutionalisierung der Psychiatrie kam es um 1800 in Frankreich, wo unter der Initiative von Philippe Pinel eigenständige Einrichtungen für Geisteskranke geschaffen wurden. Aus Pinels Arbeit in dieser psychiatrischen Anstalt ging 1801 sein epochemachendes Hauptwerk hervor, die *Abhandlung über Geistesverwirrungen oder Manie*. Wichtig ist, dass hier der Wahnsinn nicht mehr aus einer moralischen oder metaphysischen Perspektive verurteilt, sondern schlicht registriert, beschrieben, festgestellt wird. Aus diesem Ansatz entwickelte sich im frühen 19. Jahrhundert in Deutschland eine somatisch orientierte Psychiatrie, die seelische Störungen auf körperliche Defekte zurückführte. Als Gegenbewegung zur Schule dieser sogenannten Somatiker formierten sich zeitgleich die sogenannten Psychiker, die psychische Störungen als Symptome moralischer Fehlhaltungen interpretierten. Geisteskrankheiten resultierten für sie aus moralischen Defekten.

Der Streit zwischen Somatikern und Psychikern spitzte sich in den 1830er-Jahren auch deshalb zu, weil sich in ihm eine politische Auseinandersetzung verbirgt. Die Somatiker gehören politisch durchweg dem liberalen Spektrum an; die Psychiker stehen auf der Seite der Restauration. Im Fall Woyzecks zeigte sich dies besonders deutlich: Die Somatiker plädierten auf Unzurechnungsfähigkeit, gegen die Todesstrafe und für einen milden, fürsorglichen Staat. Die Psychiker hingegen plädierten auf Zurechnungsfähigkeit, für die Todesstrafe und für einen harten, strafenden Staat.

Clarus, der vom Gericht mit zwei Gutachten zu Woyzeck beauftragt wurde, gehörte auf die Seite der Psychiker. Für ihn war Woyzeck kein psychisch kranker, sondern ein moralisch schlechter Mensch, »der, durch ein unstätes, wüstes, gedankenloses und unthätiges Leben von einer Stufe der moralischen Verwilderung zur andern herabgesunken, endlich im finstern Aufruhr roher Leidenschaften, ein Menschenleben zerstörte« (zitiert nach MBA, S. 260). Alle psychischen Anfechtungen, von denen Woyzeck zu berichten weiß, werden von Clarus als bloße Einbildungen und charakterliche Schwächen zurückgewiesen. Dass Woyzeck sich in einem sehr aufgeregten und labilen Zustand befunden habe, gesteht Clarus zwar zu. Doch eine Minderung der Schuldfähigkeit möchte er daraus nicht ableiten. Von den Somatikern wurde Clarus nach der Hinrichtung vorgeworfen, mit seinem Gutachten einen Justizmord vorbereitet zu haben. Denn alle Auffälligkeiten Woyzecks ließen sich auch als Symptome einer wirklichen Geisteskrankheit deuten. Zudem müsse man, wenn sich die Zurechnungsfähigkeit nicht zweifelsfrei nachweisen lasse, vorsichtshalber die Strafe aussetzen.

Als Büchner mit der Arbeit an seinem Drama begann, waren seit dem Mord schon 15 Jahre und seit der Hinrichtung mehr als zehn Jahre vergangen. Die Fragen, die sich aus diesem Fall ergaben, waren allerdings noch nicht abschließend beantwortet. Deshalb liegt es nahe, Büchners Drama wie einen Kommentar zur zeitgenössischen rechtspsychiatrischen Debatte zu lesen. Doch wie sieht dieser Kommentar genau aus? Die Büchner-Forschung bietet dazu drei Anworten, die je unterschiedliche Akzente setzen.

Erste Möglichkeit: Büchner hat die im Clarus-Gutachten vertretene These zu Woyzecks Zurechnungsfähigkeit zur Kenntnis genommen, konnte ihr aber nicht zustimmen. Mit den Mitteln der Literatur wollte er nun noch einmal neu über den Fall nachdenken. Er macht sich zum Anwalt Woyzecks und beantragt eine poetisch-juristische Revision des Prozesses (vgl. Glück 1984b, S. 245). Das Drama wäre demnach eine Art

Rainer Philippi als Woyzeck und Roland Renner als Andres in Michael Simons Inszenierung an der Berliner Schaubühne (1997).

Gegengutachten, das Woyzeck mangelnde Zurechnungsfähigkeit attestiert und ihn so von Verantwortung und Schuld freispricht. Aus dieser Perspektive bezieht Büchner mit seinem Drama in der Debatte zwischen Psychikern und Somatikern eindeutig Stellung: Woyzeck ist nicht zurechnungsfähig.

Zweite Möglichkeit: Büchner übernimmt aus dem Clarus-Gutachten die leitende Frage: War Woyzeck zurechnungsfähig, oder war er es nicht? Und er übernimmt einige Elemente der Anamnese, der Krankengeschichte, so etwa die Stimmhalluzinationen. Gleichzeitig verweigert er aber, auf die Frage selbst eine Antwort zu geben. Damit macht er sich nicht zum Anwalt Woyzecks, sondern handelt wie ein Revisionsrichter, der den Fall mit literarischen Mitteln zwar neu zur Verhandlung vorlegt, selbst aber weder als Ankläger noch als Verteidiger auftritt. Das Drama böte demnach keine Antwort, sondern würde sich darauf beschränken, die Frage schmerzhaft offen zu halten (vgl. Kubik, S. 169) und in ihrer dringlichen Offenheit an die Leser und Zuschauer weiterzugeben. Das Stück liefert keine eindeutige Krankheitsdiagnose, Woyzeck ist in juristischer Hinsicht nicht eindeutig schuldunfähig. Zu sehen sind lediglich die Vorgeschichte und die Lebensumstände des Täters, aus denen der Zuschauer seine eigenen Schlüsse ziehen muss. Die Entscheidung des Streits zwischen Psychikern und Somatikern wäre so an die Leser und Zuschauer delegiert.

Dritte Möglichkeit: Büchner gibt weder eine Antwort, noch stellt er eine Frage; er analysiert vielmehr mit literarischen Mitteln, wie Justiz und Medizin gemeinsam überhaupt das Feld der Delinquenz, des Verbrechens, des sozial abweichenden Verhaltens ordnen und reglementieren (vgl. Campe sowie Pethes). Nicht das Ergebnis und auch nicht das Problem stünden demnach zur Debatte, sondern der Sinn von psychiatrischen Gutachten überhaupt. Damit macht sich Büchner weder zum Anwalt noch zum Revisionsrichter, sondern geht in die Position eines Rechtstheoretikers, der mit literarischen Mitteln über die Grundlagen des Rechtssystems nachdenkt. Das Drama würde demnach, indem es die Frage weder beantwortet noch stellt, die Mechanismen der rechtspsychiatrischen Begutachtung selbst sichtbar werden lassen. Ein jedes Gutachten presst den begutachteten Menschen in das Raster vorgeformter Fragen. Damit übt der Gutachter schon Macht und Herrschaft über den Befragten aus, bevor das Gericht seinerseits überhaupt tätig werden kann. Aus der Perspektive von Büchners Drama ist das Gutachten nichts weiter als die Fortsetzung der sozialpolitischen Zurichtung, der Woyzeck schon sein ganzes Leben lang ausgeliefert war. Auf den Streit zwischen Psychikern und Somatikern fällt damit ein anderes Licht. Es geht nicht mehr darum, was sie voneinander unterscheidet, sondern darum, was sie miteinander verbindet, welche Grundannahmen sie teilen, in welchem Diskurs sie sich gemeinsam bewegen.

Jede dieser drei Möglichkeiten hat etwas für sich. Die erste entspricht der gerechtfertigten Empörung, die uns heute noch angesichts des Prozesses überkommen kann. Die zweite berücksichtigt, dass Büchner kein Autor der schnellen Antworten, sondern der komplizierten Fragen, kein Prophet der Eindeutigkeit, sondern ein Meister der Vieldeutigkeit war. Die dritte schließlich traut Büchner am meisten zu: dass er nicht nur für sich selbst eine Meinung vertreten oder andere zur Meinungsbildung animieren konnte, sondern dass er kritisch die Mechanismen zu durchschauen vermochte, mittels derer Meinungen gebildet, durchgesetzt und verbindlich gemacht werden. Büchner erscheint so als scharfer Analytiker sozialer, politischer und kultureller Machtgefüge.

In dieser Richtung geht Büchners Analyse der Zurechnungsfähigkeit sogar noch einen Schritt weiter. Machtfragen sind immer auch Medienfragen. Das gilt heute und galt damals. Indem Büchner für sein Drama ausgiebig wörtlich aus dem Clarus-Gutachten zitiert, macht er ganz nebenbei sichtbar, dass auch die rechtspsychologische Erfassung Woyzecks an eine ganz spezifische Form der Medialität gebunden ist: an das Medium der Schrift. Ganz wie heute spektakuläre Rechtsfälle immer sofort Medienereignisse sind, die von den Medien nicht nur dokumentiert, sondern produziert werden, so wird auch der historische Woyzeck, kaum dass er seine Tat begangen hat, von einer Medienmaschine erfasst, die vor allem von den streitenden Rechtspsychologen betrieben wird. Diese Medialisierung Woyzecks beginnt schon mit dem Clarus-Gutachten. Wo immer Clarus von Woyzeck redet, verweist er nicht nur auf die Person selbst, sondern auch auf Akten und Erzählungen. So wird Woyzeck im und durch das Gutachten zur Figur in einer Mord-Geschichte. Als dann 1825 die öffentliche und mediale Auseinandersetzung um die Zurechnungsfähigkeit Woyzecks beginnt, gibt es ein Faktum, an dem niemand vorbeikommt, der in dieser Debatte das Wort ergreift: Woyzeck ist tot. Deshalb kann sich die ganze Diskussion nicht mehr um die reale Person Woyzecks, sondern nur noch um das Gutachten von Clarus drehen. Und so wird die Debatte zu einem veritablen Medienstreit, dessen Gegenstand keine Mordhandlung, sondern ein Gerichtsgutachten ist. Keiner der Streitenden für oder wider die Zurechnungsfähigkeit kommt aus dieser Medienwelt heraus. Alle können nur den Text von Clarus zitieren, montieren und interpretieren; niemand kann Woyzeck beobachten, fragen oder ihm eine Diagnose stellen. Das verbindet die Kontrahenten für oder wider die Zurechnungsfähigkeit, Psychiker gegen Somatiker, restaurative gegen liberale Rechtspsychiatrie. Sie mögen streiten, so viel sie wollen, sie stehen doch alle auf demselben diskursiven Grund.

Dass Büchner die Technik des Zitierens und Montierens virtuos beherrscht, hatte er schon in *Danton's Tod* bewiesen. Im *Woyzeck* greift er erneut auf diese Technik zurück. Bedenkt man nun, dass die Rechtspsychologen, auf die er sich zitierend, montierend und interpretierend bezieht, selbst schon mit Zitat, Montage und Interpretation arbeiten, dann erkennt man, dass Büchner sich auf diese Debatte nicht nur dem Inhalt, sondern auch der Form nach bezieht. Büchner verschärft die dort gängigen Verfahren allenfalls, insbesondere vermittels einer Verschiebung und Verdichtung von Stimmen.

Das zeigt sich zum Beispiel an der Weise, wie Büchner die halluzinierten Stimmen zitiert. Diese Stimmen haben im Gutachten eine besondere Position. Sie sind der einzige Fall einer direkten Rede; Woyzecks eigene Worte werden von Clarus ansonsten immer in indirekter Rede wiedergegeben. Die Stimme spricht dagegen direkt: »Stich die Frau Woostin todt!« Ein zweites Charakteristikum der Stimme ist ihr Hang zur Wortwiederholung: »Darauf habe es ihm einmal die Worte: aufs

Deckbette, aufs Deckbette, und ein anderes Mal: auf den Teller, auf den Teller, zugeflüstert [...], und er habe, als er einmal Baden gegangen sey, die Stimme gehört: Spring ins Wasser, spring ins Wasser! [...] Da sey es ihm ganz eigen gewesen, als ob er die Tanzmusik [...] höre, und dazu im Takte die Worte: Immer drauf, immer drauf! « (Zitiert nach MBA, S. 279 f.)

Wie ein Komet schlägt diese innere Stimme quer durch die medialen Aufbereitungen des Falles und glüht in Büchners Text mit unverminderter Intensität noch einmal auf. Tanzend ruft Marie: »Immer zu, immer zu.« Woyzeck übernimmt das sofort: »*(erstickt)* Immer zu – immer zu. *(Fährt heftig auf und sinkt zurück auf die Bank)* Immer zu immer zu, *(schlägt die Hände ineinander)* dreht euch, wälzt euch.« (12. Szene) Die nächste Szene zeigt ihn auf freiem Feld, von Halluzinationen überwältigt:

> Immer zu! immer zu! Still Musik. – *(Reckt sich gegen den Boden)* He was, was sagt ihr? Lauter, lauter, stich, stich die Zickwolfin tot? stich, stich die Zickwolfin tot. Soll ich? Muss ich? Hör ich's da noch, sagt's der Wind auch? Hör ich's immer, immer zu, stich tot, tot.« (13. Szene)

Und im Augenblick des Mordes schließlich rattert Woyzecks Rede nur noch wie ein aus dem Takt geratener Marsch: »Nimm das und das! Kannst du nicht sterben. So! so! Ha sie zuckt noch, noch nicht noch nicht? Immer noch? *(Stößt zu)* / Bist du tot? Tot! Tot!« (20. Szene)

Das Stück zitiert also die innere, fremde, halluzinierte Stimme. Es zitiert sie inhaltlich, etwa mit der Aufforderung zum Mord. Und es zitiert sie der Form nach, vor allem in der Form der Wiederholung. Damit erhebt Büchner die halluzinierte Stimme in ihrer Sprachdichte zum allgemeinen Stil des Sprechens der Woyzeck-Figur. Diese Dichte bestimmt Woyzecks

Reden vom ersten Satz des Dramas an: »Ja Andres; den Streif da über das Gras hin, da rollt abends der Kopf, es hob ihn einmal einer auf, er meint es wär' ein Igel.« (1. Szene) Man muss sich das genau vor Augen führen: eine wilde Wiese mit ihren unordentlichen, gebogenen, zur Seite fallenden, langen Grashalmen; ein unbestimmter Streifen, der diese Wiese durchzieht; ein abgeschlagener Kopf, der die Wiesenbahn entlangrollt; dann jemand, der den Kopf für einen Igel hält, ihn anfasst, aufhebt, anschaut; Igelstacheln werden zu Bartstoppeln, Igelfüße zu Hautfetzen, Igelaugen zu Menschenaugen. Dichter als Woyzeck in dieser Szene kann kein Mensch sprechen.

Damit wäre eine vierte Möglichkeit angedeutet, wie es um den Kommentar Büchners zum Rechtsfall bestellt sein könnte. Das Stück wäre demnach nicht nur ein Gegengutachten, nicht nur eine schmerzhaft offene Frage und nicht nur eine kritische Analyse der Macht. Es wäre überdies der Versuch, Woyzeck zu einer anderen Sprache zu verhelfen, zu einer Sprache, vor der selbst Recht und Psychiatrie mit all ihren Schuld- und Zurechnungsfragen fassungslos kapitulieren müssen.

Menschenexperiment

Im historischen Fall kümmern sich die Mediziner erst um Woyzeck, als der Mord schon geschehen ist. Büchner kehrt diese Reihenfolge um. Bei ihm kommt erst die Medizin, dann der Mord. Dass Medizin und Mord nicht nur aufeinander folgen, sondern auch eng miteinander zusammenhängen, macht Büchner zudem durch die schon erwähnte Assoziationskette deutlich, die vom Experiment über Arbeit, Geld und Waffe bis zum Tod reicht. Aber ist das Menschenexperiment, das der Doktor durchführt, tatsächlich mit schuld daran, dass Woyzeck zum Mörder wird? Macht das Experiment Woyzeck nicht nur krank, sondern auch verrückt? Ist also der Doktor der eigentlich Schuldige und Woyzeck selbst nur das Opfer eines ehrgeizigen und überdrehten Wissenschaftlers? Um diese Fragen zu beantworten, muss sich die Interpretation auf die achte Szene konzentrieren, in welcher der Doktor seinen ersten Auftritt hat.

Der Doktor führt mit Woyzeck einen Menschenversuch durch. Dabei handelt es sich zunächst um ein ernährungsphysiologisches Experiment, mit dem der Doktor »eine Revolution in der Wissenschaft« (8. Szene) auslösen will. Die Regeln dieses Experiments sind sehr strikt. Woyzeck hat eine strenge Diät einzuhalten; er muss sich ausschließlich von Erbsen ernähren. Der Doktor prüft die Ergebnisse dieser gezielt einseitigen Ernährung mittels der Harnwerte, über deren Entwicklung er minutiös Buch führt: »Harnstoff, 0,10, salzsaures Ammonium, Hyperoxydul.« (8. Szene) Als die Handlung des Stücks beginnt, läuft das Experiment schon eine ganze Weile, wie der Doktor seinen Studenten erklärt: »Meine Herrn, […] seit einem Vierteljahr isst er nichts als Erbsen, bemerken Sie die Wirkung, fühlen Sie einmal was ein ungleicher Puls, da und die Augen.« (10. Szene)

Dieses Experiment klingt verrückt; und in der Tat würde es auch, derart strikt gehandhabt, zum Tod der Versuchsperson führen. Und dennoch hat Büchner dieses Experiment nicht aus der Luft gegriffen, sondern in enger Anlehnung an zeitgenössische Versuche mit Ernährungs- und Stoffwechselprozessen gestaltet (vgl. Neumeyer). In den 1820er- und 30er-Jahren kam es zu einem regelrechten Boom von solchen Ernährungsexperimenten, die alle auf die effektivere Versorgung von Armen und Soldaten zielten. Von diesen Experimenten übernimmt Büchner den Versuchsaufbau und überspitzt ihn zugleich auf eine Weise, die das ganze Experiment zum Einsturz bringt. Wie seinerzeit üblich, experimentiert der Doktor mit einer einseitigen Diät, die über einen längeren Zeitraum hinweg verabreicht wird und deren Effekte in schriftlicher Form dokumentiert werden. Wichtig ist für diese Experimente eine lückenlose Kontrolle der Versuchsperson. Der Doktor leistet sie mit großem Einsatz: Er schreibt Woyzeck nicht nur vor, was er zu essen, wie er zu leben, wo er zu urinieren habe. Er kontrolliert auch ganz genau, ob Woyzeck all diese Vorschriften einhält oder ob er gegen sie verstößt: »Ich hab's gesehn Woyzeck; er hat auf Straß gepisst, an die Wand gepisst wie ein Hund.« (8. Szene)

Es ist kein Zufall, dass der Doktor Woyzeck hier als Hund anspricht. Woyzeck ist für ihn ein Tier, ein Versuchstier, das er ohne Zögern in die Reihe mit anderen Tieren stellt. Im Menschenexperiment steht damit auch die Grenze zwischen Mensch und Tier auf dem Spiel. Schon in der Jahrmarktszene arbeitet Büchner an der Verunsicherung dieser Grenze. Er führt Tiere vor, die sich wie Menschen verhalten können. So wird zum Beispiel ein Affe in Uniform zum Menschen: »Der Aff' ist schon ein Soldat, 's ist noch nit viel, unterst Stuf von menschliche Geschlecht!« (3. Szene) Während der Affe zum Menschen wird, wird der Soldat Woyzeck unter den Händen des Doktors zum Tier. Der Doktor zeigt seinen Studenten, dass die »Bestie« (10. Szene) Woyzeck mit den Ohren wackeln kann. Dies ist tatsächlich ein Atavismus, ein funktionslos gewordenes Überbleibsel aus der tierischen Vergangenheit des Menschen, und der Doktor sieht darin auch gleich die »Übergänge zum Esel« (10. Szene).

Ganz in diesem Sinne behandelt der Doktor Woyzeck als Versuchstier, das nicht nur neben, sondern sogar unter anderen Tieren steht: »Behüte wer wird sich über einen Menschen ärgern, einen Menschen! Wenn es noch ein Proteus wäre, der einem krepiert!« (8. Szene) Der Wert eines Versuchstiers richtet sich nach dessen Seltenheit: Menschentiere (in der Logik des Dramas: Soldaten) sind leicht zu bekommen und dementsprechend billig; ein Proteus (ein extrem seltener Grottenolm) ist schwer zu bekommen und dementsprechend wertvoll. Die medizinische Ordnung des Experiments pervertiert die moralische Ordnung des Humanismus. Damit rückt Büchner den Versuch des Doktors schon vorab in ein kritisches Licht: Das Experiment macht den Menschen zum Tier.

Das würde selbst dann gelten, wenn der Doktor sorgsam und verantwortungsvoll mit seinem Probanden umgehen würde. Das tut er aber offensichtlich nicht. Vielmehr nimmt er billigend in Kauf, dass Woyzecks physische und psychische Gesundheit unter dem Versuch massiv leidet. Woyzeck bekommt Haarausfall; sein Puls gerät aus dem Takt, wird »klein, hart hüpfend, ungleich« (9. Szene); sein ganzer Körper wirkt verkrampft: »Gesichtsmuskeln starr, gespannt, zuweilen hüpfend, Haltung aufgerichtet gespannt.« (9. Szene) All diese Symptome beunruhigen den Doktor nicht, sondern versetzen ihn in freudige Aufregung. So verhält sich kein guter Arzt, sondern ein skrupelloser Wissenschaftler. In der Figur des Doktors kritisiert Büchner auf diese Weise die Wissenschaft. Der Doktor ist ein »Menschenschinder« (Glück 1986, S. 180), er ist der »entmenschte Hauptschuldige von Woyzecks Verfall« (Kubik, S. 174), der sich kalt über alle ethisch-moralischen Bedenken hinwegsetzt.

Doch Büchners Kritik am Menschenexperiment geht über eine einfache moralische Verurteilung des Doktors noch hinaus. Es ist ohnehin nicht ganz unproblematisch, bei einer Interpretation des Dramas die Moral als Wertmaßstab ins Spiel zu bringen, wird doch diese Moral vom Stück, wie schon erwähnt, selbst kritisch infrage gestellt: »Moral das ist wenn man moralisch ist […]. Es ist ein gutes Wort.« (5. Szene) Oder anders gesagt: Moral, das ist zunächst einmal bloß ein Wort; ein bloßes Wort, das keine verlässliche Grundlage für eine kritische Haltung gegenüber der Gesellschaft sein kann. Wo also reicht Büchners Kritik weiter als bis zur moralischen Verurteilung eines verantwortungslosen Wissenschaftlers?

Büchner zeigt nicht nur, was passiert, wenn ein Menschenschinder unmenschliche Menschenversuche durchführt. Er zeigt vielmehr, was ein Menschenversuch grundsätzlich bedeutet und inwiefern der Menschenversuch als solcher typisch ist für die moderne Welt, in der Woyzeck lebt – und in der auch wir noch leben: Der Menschenversuch, wie Büchner ihn in Szene setzt, ist ein Bild für das Leben des normalen Menschen. Woyzeck lebt unter experimentell genau festgelegten Bedingungen. Durch das Experiment wird nicht nur sein Körper beeinflusst, sondern auch sein Verhalten und seine Psyche. Das Experiment wiederholt also im Kleinen, was das Drama als Ganzes unentwegt vorführt: Die Determination Woyzecks durch äußere Existenzbedingungen. Woyzeck bestimmt nicht selbst über sich; vielmehr wird er von außen moduliert, in Form gebracht. Wichtig ist dabei, dass das Experiment zwar beim Körper, bei der Ernährung ansetzt, dann aber auf den Gemütszustand, auf die Psyche übergreift. Auch dieses Übergreifen des Körpers auf den Geist wird vom Doktor mit freudiger Überraschung registriert: »Woyzeck er hat die schönste Aberratio mentalis partialis, der zweiten Species, sehr schön ausgeprägt, Woyzeck er kriegt Zulage.« (8. Szene) Die experimentelle Steuerung der Versuchsperson reicht sehr weit. Das Experiment dient nicht nur der Erkundung von Stoffwechselprozessen, sondern arbeitet auch an Techniken der Menschenführung. Der Mensch ist, was er isst – oder genauer: was ihm zu essen gegeben wird. Aus der Unterwerfung unter das Experimentalsystem entsteht ein neuer Mensch. Genau das ist die wörtliche Übersetzung von Subjekt: ein Unterworfenes (sub = unter; jectum = geworfen). Entsprechend ist Woyzeck für den Doktor ein casus (ein Fall) und zugleich ein Subjekt (ein Unterworfener): »Er ist ein interessanter Casus, Subjekt Woyzeck er kriegt Zulage. Halt er sich brav. Zeig er seinen Puls! Ja.« (8. Szene)

In Büchners Drama wird aber nicht allein Woyzeck Versuchen unterworfen. Vielmehr kann jeder jederzeit zum Gegenstand eines Experiments gemacht werden. Der Doktor experimentiert eben nicht nur mit dem armen Soldaten, sondern auch mit sich selbst, beispielsweise als er die Wirkungen des Sonnenlichts auf seinen Niesreflex erprobt. Und auch vor dem Hauptmann, dem er einen Gehirnschlag in Aussicht stellt, macht seine Experimentierfreude nicht halt: »Übrigens kann ich Sie versichern, dass Sie einen von den interessanten Fällen abgeben und wenn Gott will, dass Ihre Zunge zum Teil gelähmt wird, so machen wir die unsterblichsten Experimente.« (9. Szene) Potenziell jede Situation kann damit als wissenschaftliches Experiment verstanden werden. Das gilt zunächst einmal im Rahmen der dargestellten Welt. Weder für Woyzeck noch für die anderen Figuren gibt es ein Außerhalb des Experiments. Das gilt aber auch über die Grenzen des Stücks hinaus. Vielleicht, so lässt sich dem Drama als beunruhigende Vermutung entnehmen, ist auch unsere Welt nichts weiter als eine Versuchsanordnung, und die Menschen, die sich in dieser Welt bewegen, sind nichts weiter als die Versuchstiere, deren Verhalten experimentell produziert, kontrolliert und reglementiert wird. Eine übergeordnete Instanz, von der aus dieser Versuch durchgeführt wird, scheint es allerdings nicht zu geben. Dieses Experiment leitet sich selbst.

Wenn man die Interpretation des Experiments einmal derart verallgemeinert hat, dann muss man sie abschließend jedoch wieder mit einer Einschränkung versehen. Es mag zwar sein, dass in der modernen Welt alle Menschen potenziell Versuchstiere sind. Aber es ist ja keineswegs so, dass alle Menschen deshalb gleich jemanden umbringen. An Woyzeck zeigt sich damit einmal mehr das Zusammenspiel von Norm und Abweichung. Versuchsanordnungen gelten für alle. Der Verlauf des individuellen Experiments, das mit Woyzeck durchgeführt wird, weicht aber vom Erwarteten ab. Das medizinische Experiment steht so in einer Reihe mit Militär, Ökonomie und Sexualität. Für alle vier Felder zeigt das Drama, wie nah sich Normalität und Anomalie sind, wie sehr das gesellschaftlich Geforderte und das sozial Verfemte nur zwei Seiten *einer* Medaille sind: eine militärische Disziplin, die effizient ist und doch in ihr Gegenteil umschlägt; eine Ökonomie, die produktiv sein will und die doch die Menschen überfordert; eine Sexualität, die reguliert werden soll und trotzdem in den Exzess führt; und schließlich ein Experiment, das Kontrolle verlangt und dennoch außer Kontrolle gerät.

Das auf Woyzeck einwirkende Netz von Zwängen

Militär körperliche und sittliche Disziplinierung		**Ökonomie** Teufelskreis von Armut und Arbeit
Gewaltbereitschaft		Leben am Existenzminimum
	Woyzeck	
körperlicher und psychischer Verfall		Scheitern am biopolitischen Normalisierungsdruck
Medizin Woyzeck als Versuchstier in einem Menschenexperiment		**Sexualität** Konflikt zwischen körperlichem Begehren und sozialem Spielraum

IV Exemplarische Interpretationen

1 Wie gestaltet Büchner das Verhältnis Woyzecks zu seinem Hauptmann?

Die fünfte Szene, in der Büchner den Hauptmann in das Geschehen einführt, beginnt mit einer Aufzählung des Personals: *»Der Hauptmann. Woyzeck.«* Schon damit ist über das Verhältnis der beiden Figuren viel gesagt. Zunächst einmal fällt auf, dass es sich um ein hierarchisches Verhältnis handelt. In der militärischen Rangfolge steht ein Hauptmann deutlich über dem einfachen Soldaten Woyzeck. Schon die Figurenbezeichnung macht also klar, dass hier jemand befehlen kann und jemand anderes gehorchen muss. Sodann lässt sich eine Asymmetrie feststellen: Das Wort »Hauptmann« verweist auf einen militärischen Rang; »Woyzeck« hingegen ist ein Name. Während Woyzeck durch seinen Namen als Individuum gekennzeichnet ist, wird der Hauptmann mehr als Typus eingeführt. »Woyzeck«, das ist ein ganz bestimmter, individueller, komplexer Mensch. »Der Hauptmann« dagegen ist eine simple Schablone.

Auf zwei Ebenen also herrscht zwischen den beiden angekündigten Figuren, zwischen dem Hauptmann und Woyzeck, ein Gefälle. Erstens besteht ein Gefälle der Macht auf der Ebene der dargestellten Ereignisse: Der Hauptmann kann Anweisungen erteilen; Woyzeck muss Anweisungen folgen. Zweitens besteht ein Gefälle der Konkretion auf der Ebene der Darstellung: Die Figur des Woyzeck wird von Büchner in einer individualisierenden Dichte konzipiert, wie sie beim Hauptmann nicht in einem vergleichbaren Ausmaß zu beobachten ist. Nimmt man diese beiden gegenläufigen Tendenzen zusammen, kommt man zu einer ersten Charakterisierung der hier in Frage stehenden Figurenkonstellation: In der dargestellten Welt steht zwar der Hauptmann über Woyzeck; die Darstellung interessiert sich aber dennoch mehr für Woyzeck als für den Hauptmann.

Diese Konzeption hat eine gesellschaftliche und eine ästhetische Dimension. Die Gesellschaft privilegiert stets die sozial höhergestellten Schichten. Büchner hingegen privilegiert mit seiner Darstellung einen sozial Deklassierten. Der sozialen Abwertung einer bestimmten Menschengruppe begegnet er mit deren literarischer Integration. In der wirklichen Welt führen Menschen wie Woyzeck eine Randexistenz. Büchner holt sie in die Mitte, wenn schon nicht der Gesellschaft, so doch eines Theaterstücks. Damit radikalisiert er die integrative Bewegung, die Lessing mit dem bürgerlichen Trauerspiel angestoßen hatte. Lessing ging es darum, die Tragödie für bürgerliches Personal zu öffnen. Nicht mehr nur Göttern und Königen wollte Lessing Probleme zutrauen, die genug tragisches Potenzial für ein ernstes Drama in sich bargen. Auch ein bürgerlicher Vater (namens Galotti) konnte unter der Qual einer ständischen Gesellschaft ansehnlich zusammenbrechen und dabei seine Tochter (namens Emilia) in den Tod stoßen. Büchner öffnet die Tragödie nun noch weiter, hinab bis in die untersten Schichten der frühindustriellen Gesellschaft. Kein Mensch ist zu gering, als dass er nicht literarische Aufmerksamkeit verdienen würde. Mehr noch: Das soziale Drama, wie Büchner es mit seinem *Woyzeck* umreißt, widmet sich gezielt den unterworfenen, unterprivilegierten, deklassierten, determinierten Kreaturen.

Büchner stellt eine bestehende Machthierarchie dar und setzt dem seine eigene Darstellungshierarchie entgegen: *»Der Hauptmann. Woyzeck«*. Nun notiert Büchner aber nicht nur, wer in der fünften Szene mitspielt, sondern auch, was diese beiden Figuren tun: *»Hauptmann auf einem Stuhl, Woyzeck rasiert ihn.«* Auch diese Szenenanweisung ist sprechend. Zu-

Norman Hacker als Hauptmann und Peter Moltzen als Woyzeck in Michael Thalheimers Inszenierung des Stücks von 2003.

nächst einmal fällt wieder eine Asymmetrie auf, eine Ungleichheit, ein Gefälle: Woyzeck steht, der Hauptmann sitzt. Dies entspricht einer eindeutigen gesellschaftlichen Konvention, derzufolge der sozial Überlegene sitzen darf, der Unterlegene hingegen stehen muss. Der Stuhl verweist auf die soziale Macht; das Stehen markiert die soziale Unterwerfung. Soweit passt die Szenenanweisung noch bestens in das, was die Figurenbezeichnungen erwarten lassen.

In einer anderen Hinsicht jedoch geschieht etwas Unerwartetes: Woyzeck exerziert nicht, er rasiert; er handelt nicht als Soldat, sondern als Barbier, als Friseur. Kaum also ist mit den Figurenbezeichnungen ein militärisches Verhältnis aufgerufen worden, wird es von der nun folgenden Handlung wieder fallen gelassen. In der ganzen Szene bleibt das Militär nur durch ein einziges Wort präsent: durch das Wort »Hauptmann«, das Woyzeck in jeder seiner insgesamt sieben Repliken als Anrede verwendet. Die Szene bekommt damit die Anmutung einer doppelt belichteten Photographie, in der Soldat und Barbier, Hauptmann und Kunde ineinander verschwimmen.

Das Verhältnis von Woyzeck zu seinem Hauptmann erweist sich insofern als charakteristisch für Woyzecks Stellung in der Welt. Er untersteht nicht nur *einer* Anforderung; er untersteht vielmehr immer mehreren Anforderungen zugleich. Ähnliches lässt sich auch im Verhältnis von Woyzeck zum Doktor erkennen: Hier ist Woyzeck sowohl Versuchsperson (8. Szene) als auch Gehilfe (10. Szene). So kommen allein durch zwei Personen vier Ansprüche zusammen, denen Woyzeck genügen muss. Wenn Büchner Woyzeck als rasierenden Soldaten bzw. militärischen Barbier auftreten lässt, dann gilt in dieser Konstellation das Gleiche wie im ganzen Stück: Woyzeck ist ein vielfach bestimmtes, ein überdeterminiertes Subjekt.

Dass es sich bei dieser Rasur nicht um einen Teil seines militärischen Dienstes, sondern tatsächlich um eine eigene, zusätzliche Arbeit handelt, wird in der vierten Szene deutlich, in der Woyzeck Marie Geld bringt: »Das is wieder Geld Marie, die Löhnung und was von mein'm Hauptmann.« Die »Löhnung«, das ist der Lohn für den militärischen Dienst. Über diesen Lohn hinaus bemüht sich Woyzeck offenbar noch um einen Zusatzverdienst: »und was von mein'm Hauptmann«. Wenn Woyzeck seinen Hauptmann rasiert, dann deutet die Anrede »Hauptmann« immer wieder auf seine militärische Unterlegenheit, der Rasierschaum immer wieder auf seine ökonomische Abhängigkeit. Woyzeck ist ein mehrfachbeschäftigtes Arbeitstier. Auch seine Doppelanstellung beim Doktor als Versuchsperson und Gehilfe zeigt diesen ökonomischen Aspekt, die unentrinnbare Verstrickung von Arbeit und Armut. Woyzeck arbeitet zu viel. Und er hat zu wenig Geld. Woyzeck verkörpert damit den Pauperismus, ist er doch wie eine ganze Bevölkerungsgruppe der 1830er-Jahre geplagt von unterentlohnter Überbeschäftigung.

Es ist in der fünften Szene also schon sehr viel gesagt, bevor überhaupt etwas gesprochen wird. Das ist eine der Eigentümlichkeiten der literarischen Gattung des Dramas: Es stellt Körper und Figuren auf die Bühne und kann allein über solche Konstellationen schon Bedeutungen erzeugen. Nun bleibt die Szene aber natürlich nicht stumm. Das Wort ergreift zunächst – und auch dies verweist auf die soziale Hierarchie – der Hauptmann: »Langsam, Woyzeck, langsam; ein's nach dem andern; Er macht mir ganz schwindlich.« Der grammatischen Form nach beginnt der Hauptmann mit einem Imperativ. Der Imperativ ist die Sprachform des Militärs. Befehle werden erteilt; Befehlen wird gehorcht. Der rhetorischen Struktur nach schließt der Hauptmann Woyzeck durch eine klammernde Wiederholung des Befehls in den Befehl ein: »Langsam, Woyzeck, langsam«. Woyzeck wird so vom Befehl zur Langsamkeit buchstäblich umstellt. Dem Inhalt nach wird der Befehl zur Langsamkeit noch um den Befehl zur Ordnung ergänzt: »ein's nach dem andern«. Die Ordnung ist die Lebensform des Militärs. Eine Reihenfolge soll eingehalten werden; Ordnung soll herrschen. Denn Unordnung bringt einen militärisch denkenden Menschen aus dem Gleichgewicht: »Er macht mir ganz schwindlich.«

Aus den Reden des Hauptmanns lässt sich schließen, wie Woyzeck sich verhält: hastig, fahrig, gehetzt. Die Hetze ist eines der Grundmotive des Stücks. Nie hat Woyzeck Zeit, immer ist er in Eile. »Ich muss fort«, so verabschiedet er sich sowohl in der zweiten Szene als auch in der vierten Szene eilig von Marie. In der neunten Szene wird er vom Hauptmann auf der Straße abgefangen: »Ha Woyzeck, was hetzt er sich so an mir vorbei.« Und am Ende der neunten Szene geht er eilig ab: »*Geht mit breiten Schritten ab, erst langsam dann immer schneller*«. Auch an der Hetze kann man sehen, wie Woyzeck zwischen unterschiedlichen Ansprüchen zerrieben wird. Er eilt ja keineswegs aus Vergnügen oder auch nur aus eigenem Antrieb. Er eilt, weil er eilen muss. Er hetzt sich, um neben seinem Dienst all die Arbeiten für den Hauptmann und den Doktor erledigen zu können. So ist der Hauptmann einerseits eine der Ursachen dafür, dass sich Woyzeck beeilen muss. Andererseits befiehlt er ihm, langsam zu sein. Woyzeck unterliegt nicht nur mehreren, sondern immer mehreren sich widersprechenden Ansprüchen. Von Woyzeck wird mehr gefordert, als ein Mensch allein erfüllen kann.

Gegenüber dem Hauptmann versucht Woyzeck verständlicherweise vor allem, der Militärdisziplin zu gehorchen. In der fünften Szene zeigt sich dies an seinem dreifachen »Ja wohl, Herr Hauptmann«. Mit dieser stereotypen Replik unterwirft er sich sprachlich der Ordnung, die der Hauptmann fordert. In dieser Ordnung kommt »ein's nach dem andern«: erst ein Befehl, dann die Unterwerfung unter diesen Befehl. Schon mit der Antwort, die Woyzeck gibt, beginnt er also, den erteilten Befehl zu befolgen: »Teil er sich ein, Woyzeck.« – »Ja wohl, Herr Hauptmann.« Aus dieser Perspektive muss die Beobachtung, dass Woyzeck nicht exerziert, sondern rasiert, noch einmal präziser gefasst werden. Tatsächlich wird Woyzeck nicht beim Exerzieren gezeigt: Er marschiert nicht, steht nicht stramm, lädt kein Gewehr. Und doch ist seine Sprechweise bis ins Kleinste durchdrungen von einer Disziplinierung, wie sie im Exerzieren eingeübt wird. Im stereotypen »Ja wohl« erscheint Woyzeck als Sprach-Soldat.

Die mit Gewalt hergestellte Militärdisziplin kann jedoch jederzeit kollabieren und die Gewalt dann an anderer Stelle unerwartet ausbrechen. Was Woyzeck beim Militär an Ordnung – »ein's nach dem andern« – lernt, das wendet er in seinem Konflikt mit Marie und dem Tambourmajor wieder an. Vom Tambourmajor schmachvoll niedergerungen, übernimmt er drohend den Satz des Hauptmanns: »Eins nach dem andern« (15. Szene) – und begibt sich in der nächsten Szene zum Juden, um die Tatwaffe zu kaufen.

Die Disziplin, die der Hauptmann Woyzeck auferlegt, beschränkt sich nicht auf das Militärische. Nicht nur Woyzecks Berufsleben, auch sein Privatleben wird vom Hauptmann scharf beobachtet und verurteilt: »Woyzeck, er hat keine Moral! [...] Er hat ein Kind, ohne den Segen der Kirche, wie unser hochehrwürdiger Herr Garnisonsprediger sagt« (5. Szene). Mit dem Garnisonsprediger wird neben Militär und Ökonomie die christliche Glaubenspraxis als ein drittes Feld ins Spiel gebracht, von dem aus Vorschriften und Ansprüche formuliert werden, denen Woyzeck sich unterzuordnen hat. Alle, auch die Kirche, wollen über Woyzeck bestimmen. Angesichts dieser neuen Zumutung bricht Woyzeck nun jedoch aus seiner reflexartigen Sprachunterwerfung aus und setzt sich gegen den Vorwurf zur Wehr. In seinen drei ausführlicheren Repliken entwickelt er jeweils ein eigenes Argument. Das erste Argument setzt auf die Bibel, in der von einem Gott erzählt wird, der ausnahmslos alle Kinder unter seinen Schutz nimmt: »Der Herr sprach: lasset die Kindlein zu mir kommen.« (5. Szene) Gegen die Kirche setzt Woyzeck die Bibel, gegen eine Institution setzt er ein Buch. Damit zieht Woyzeck aus der Bibel einerseits argumentative Kraft. Andererseits zeigt sich, dass selbst die christliche Glaubenspraxis keine in sich widerspruchsfreie Anleitung zum richtigen Leben gibt. Was ein Prediger sagt, muss von der Bibel nicht gedeckt sein. Und was in der Bibel steht, muss nicht unbedingt gepredigt werden.

So kann selbst die christliche Glaubenspraxis für Woyzeck desorientierend wirken. Ein verlässlicher Halt ist auch hier nicht zu finden.

Dem Hauptmann ist die Institution, die Kirche, deutlich mehr wert als das Buch, die Bibel. Deshalb schiebt er Woyzecks erstes Argument als »kuriose Antwort« beiseite. Nun entwirft Woyzeck sein zweites Argument: »Man hat auch sein Fleisch und Blut.« (5. Szene) Damit bringt er seinen Körper, seine körperlichen Bedürfnisse ins Spiel. Der Körper ist für Woyzeck allerdings nichts, worauf er sein Selbstbewusstsein aufbauen würde. Das kann nur der Tambourmajor, der, während Woyzeck unterwürfig rasiert, sich mit all seinem Fleisch und Blut vor Marie als »Mann« (6. Szene) in Pose wirft. Für Woyzeck hingegen erscheint der Körper nur als ein weiterer Grund für seine Unfreiheit. Diese physische Determination wird auch zwischen Woyzeck und dem Doktor verhandelt. Als Woyzeck gegen die vertragliche Vereinbarung auf die »Straß gepisst, an die Wand gepisst« (8. Szene) hat, begründet er dies mit einem körperlichen Zwang: »Aber Herr Doctor, wenn einem die Natur kommt.« Diesem physischen Bedürfnis setzt der Doktor den freien Willen entgegen: »Woyzeck, der Mensch ist frei« (8. Szene). Der Doktor bestreitet nicht, dass es körperliche Bedürfnisse gibt; er beharrt nur darauf, dass man sie mit Selbstdisziplin unter Kontrolle halten kann.

Genau die gleiche Haltung nimmt der Hauptmann ein: »Ich hab auch Fleisch und Blut. Aber Woyzeck, die Tugend, die Tugend!« (5. Szene) Das ist vom Hauptmann sehr direkt und einigermaßen anzüglich gemeint. Immer, wenn er die »weißen Strümpfe[ ] […] über die Gassen springen« sieht, wenn er also Frauen hinterherschaut, dann weiß er genau, was er eigentlich will: »verdammt Woyzeck, – da kommt mir die Liebe« (5. Szene). Das körperliche Begehren kennt auch er; nur folgen muss man diesem Begehren nicht.

Auf diesen Einwand reagiert Woyzeck mit seinem dritten Argument, das nun das Geld ins Spiel bringt:

> Sehn Sie wir gemeinen [einfachen] Leut, das hat keine Tugend, es kommt einem nur so die Natur, aber wenn ich ein Herr wär und hätt ein Hut und eine Uhr und en Anglaise [einen Sonntagsanzug] und könnt vornehm reden, ich wollt schon tugendhaft sein. Es muss was Schöns sein um die Tugend, Herr Hauptmann. Aber ich bin ein armer Kerl. (5. Szene)

Woyzeck macht damit klar, dass die Tugend nicht etwas ist, das für alle Menschen gleichermaßen verfügbar wäre. Vielmehr gibt es eine Voraussetzung für tugendhaftes Handeln: Geld. Nicht die charakterliche Anlage, sondern die ökonomische Situation bestimmt darüber, ob ein Mensch sich in diesem bürgerlichen Sinne tugendhaft verhalten kann. Das gilt nicht nur innerhalb des Stücks, das gilt auch sozialgeschichtlich. Heiraten durfte zu Büchners Zeiten schließlich nur derjenige, dessen Einkünfte ausreichten, um einer ganzen Familie ökonomische Sicherheit zu bieten. Wer den Segen der Kirche haben wollte, war auf einen gefüllten Geldbeutel angewiesen. Doch Woyzecks Geldbeutel ist immer leer.

Dem hat auch der Hauptmann nichts mehr entgegenzusetzen. Er gibt Woyzeck recht: »Gut Woyzeck. Du bist ein guter Mensch, ein guter Mensch.« (5. Szene) Die Hierarchie zwischen den beiden scheint sich damit umgekehrt zu haben: Argumentativ ist Woyzeck dem Hauptmann überlegen. Aber dennoch bleibt er in der militärischen wie sozialen Hierarchie untergeordnet. Deshalb endet die Szene, wie sie angefangen hat, mit einem Befehl, den der Überlegene dem Unterworfenen erteilt: »Geh' jetzt und renn nicht so; langsam hübsch langsam die Straße hinunter.«

2 Wie stellt Büchner den Mord Woyzecks an Marie dar?

Der Mord Woyzecks an Marie verbindet zwei widersprüchliche Aspekte. Einerseits scheint sich diese Tat schon lange angekündigt zu haben. Fast zwingend folgt sie aus all dem, was Woyzeck zuvor angetan wurde. Woyzeck ist auch als Täter Opfer. Andererseits geschieht die Tat selbst sehr plötzlich. Fast monumental steht sie da als der Augenblick, in dem Woyzeck einmal wirklich selbst handelt. Woyzeck ist der Täter, nicht das Opfer. Dieser innere Widerspruch prägt die Mordszene selbst und ihre Position im Stück. Und er lässt sich als Büchners Kommentar zur rechtspsychologischen Debatte um die Zurechnungsfähigkeit interpretieren.

Die Mordszene spielt draußen vor der Stadt. Das ist für Woyzeck kein guter Ort. Hier beginnt das Drama: *»Freies Feld. Die Stadt in der Ferne.«* Das ist eine räumliche Anordnung, eine metaphorische Topographie, die etwas bedeutet. In der Stadt herrscht die Kultur, außerhalb der Stadt liegt die Natur. Die Natur ist eng mit der physischen Determination der Figuren verbunden: »es kommt einem nur so die Natur« (5. Szene). Und diese Natur, dieses Draußen wird in der ersten Szene des Dramas sofort als der Ort des Wahns, der Halluzinationen markiert: »Es geht hinter mir, unter mir *(stampft auf den Boden)* hohl, hörst du? Alles hohl da unten.« Draußen vor der Stadt, in der freien Natur, gibt es keinen kulturellen, sozialen Halt mehr. Woyzeck ist dort ausgeliefert: seinem Körper, seinen Einbildungen.

Das, was schon am Beginn des Dramas vorbereitet wird, wird dann in der zweiten auf freiem Feld spielenden Szene intensiviert. Woyzeck hat gerade den Tambourmajor und Marie im Wirtshaus beim Tanzen beobachtet. Nun ist er aus der Stadt geflüchtet, von innen nach außen, vom geschützten

Kulturraum in den ausgesetzten Raum der Natur: »*Freies Feld.*« Hier hat Woyzeck seinen erschütternden Wahnsinnsanfall:

> Immer zu! immer zu! Still Musik. – *(Reckt sich gegen den Boden)* He was, was sagt ihr? Lauter, lauter, stich, stich die Zickwolfin tot? stich, stich die Zickwolfin tot. Soll ich? Muss ich? Hör ich's da noch, sagt's der Wind auch? Hör ich's immer, immer zu, stich tot, tot. (13. Szene)

Woyzeck ist draußen; er ist am Ende; er verliert die Kontrolle; und er hört eine Aufforderung zum Mord.

Und nun ist Woyzeck ein drittes Mal während des Dramas draußen vor der Stadt. Dieser Ort hat für den Theaterzuschauer mittlerweile etwas Gefährliches, Bedrohliches, Unheimliches. Er hat gesehen, wie es um Woyzeck hier bestellt ist. Auch Marie scheint diese Bedrohung zu spüren. Sie möchte zurück nach Hause, die Dunkelheit macht ihr Angst: »Also dort hinaus ist die Stadt 's ist finster.« Doch Woyzeck hält sie zurück: »Du sollst noch bleiben.« (20. Szene) Das ist ein zweideutiger Satz. Man kann ihn als eine zärtliche Aufforderung betonen: »Du sollst noch *bleiben*.« Man kann ihn aber auch als eine bedrohliche Ankündigung betonen: »*Du* sollst noch bleiben.« So wird die Szene dann enden: Marie bleibt auf der Szene liegen, Woyzeck läuft weg.

Büchner setzt hier wie im ganzen Drama den Raum sehr gezielt ein. Zwanzig Szenen sind schon präsentiert worden, zwanzig Mal hat Büchner schon den Schauplatz gewechselt. In dieser Hinsicht erweist sich Büchners *Woyzeck* als ein Musterbeispiel der offenen Dramenform. Der Ort selbst hat bei ihm stets eine Bedeutung; er spielt gewissermaßen mit; er greift in die Handlungen ein, treibt sie voran, bringt sie zum

Abschluss. Auch die Intensivierung der Zeit und die Autonomisierung der Szene, wie sie für die offene Form im Drama typisch sind, sind hier gegeben. Ganz dicht rückt der Dialog die beiden Figuren aneinander. Was zwischen ihnen geschieht, ist zwar nicht schön, aber es ist auf jeden Fall intensiv. Es erzeugt reine Gegenwart, reine Präsenz. Gleichzeitig ist die Sprache der beiden Figuren geprägt von einer ungeheuren metaphorischen Dichte. »Was der Mond rot aufgeht«, sagt Marie. Und Woyzeck antwortet: »Wie ein blutig Eisen.« (20. Szene) Vom Mond zum Blut führt sprachlich ein direkter Weg. Der Mord wird durch die Kraft der Sprache vorbereitet. Durch solche kompositorischen Mittel bekommt die Szene eine ästhetische Kraft, die ihr Eigenständigkeit verleiht.

Bei aller Offenheit weist die Szene aber doch auch auf die geschlossene Form des Dramas. Denn sie ist äußerst eng in eine klare Handlungs- und Zeitfolge einzuordnen. Die 19. und 20. Szene folgen zeitlich und handlungslogisch unmittelbar aufeinander. In der 20. Szene befinden sich Marie und Woyzeck auf dem Spaziergang, den sie am Ende der 19. Szene begonnen haben. Die 20. und 21. Szene spielen sogar gleichzeitig. In der 21. Szene hören die Leute den Schrei, den Marie in der 20. Szene ausstößt. Der Form nach ist die Mordszene also durch Konsekutivität und Simultaneität in den Handlungsablauf integriert.

Auch inhaltlich ist die Szene gut vorbereitet. Woyzeck handelt nicht ohne Motiv; er handelt sogar übermotiviert. Insgesamt vier Begründungszusammenhänge lassen sich aus dem Verlauf des Stücks ableiten. Erstens gibt es das Militär. Woyzeck ist Soldat. Damit ist er ein Subjekt, das unter disziplinarischer Gewalt seine Form gewonnen hat; er ist zum Töten befähigt; und er ist auf Ordnung verpflichtet: »ein's nach dem andern« (5. Szene). Nun ist Woyzecks Leben ganz offensicht-

Bruno Cathomas (Woyzeck) und Christina Geiße (Marie) in Thomas Ostermeiers »Woyzeck« an der Berliner Schaubühne (2003).

lich aus der Ordnung geraten. Das kann er so wenig ertragen wie der Hauptmann, dem angesichts des verhetzten Woyzeck »ganz schwindlich« (5. Szene) wird. Auch Woyzeck wird von einem Schwindel ergriffen, als er im Wirtshaus das tanzende Paar beobachtet: »dreht euch, wälzt euch« (12. Szene). Der Schwindel verfolgt ihn bis in den Schlaf: »wenn ich die Augen zumach, dreht sich's immer« (14. Szene). Mit dem Mord greift Woyzeck in das sich drehende Rad, bremst den Schwindel ab und stellt die Ordnung wieder her. Ein Soldat hat klare Verhältnisse geschaffen.

Zweitens ist auf die Ökonomie, auf den Zusammenhang von Arbeit und Armut zu verweisen. Woyzeck arbeitet so viel, dass er für Marie und ihr gemeinsames Kind kaum Zeit hat. Und trotz seiner Vielfachbeschäftigung hat er nicht genug Geld, um mit Marie eine bürgerliche Familie zu gründen. Diese doppelte ökonomische Unzulänglichkeit ist der Nährboden für die Untreue Maries; sie trägt mit bei zur Unordnung, in die Woyzecks Leben gerät. Deshalb ist es nur konsequent, wenn Büchner von der Ökonomie zum Mord eine direkte Spur legt: der Lohn für die Teilnahme am Experiment – »zwei Groschen täglich« (8. Szene) – entspricht genau dem Preis der Mordwaffe: »Zwei Groschen.« (16. Szene) Die Ökonomie bildet den sozialen Raum, innerhalb dessen der Mord möglich wird.

Drittens spielt die Sexualität eine Rolle: »Nimm das und das!« (20. Szene) Büchners Woyzeck ist nicht nur ein soziales Drama, es ist auch ein Eifersuchtsdrama. Das wäre dann ein Mord aus gekränkter Liebe. In der hier inszenierten Dreiecksgeschichte geht es jedoch nicht nur um Liebe, sondern auch um die konventionelle Hierarchie zwischen den Geschlechtern. Zu Büchners Zeiten ist diese Hierarchie klar geregelt: Der Mann dominiert über die Frau. Büchner zeigt nun, wie Woyzeck diese dominante Position langsam verliert, wie die frei werdende Stelle vom Tambourmajor besetzt wird und wie dabei zugleich der Tambourmajor gegenüber Woyzeck in eine überlegene Position gelangt. Es gelingt Woyzeck nicht, den Tambourmajor, der sich als »Mann« in Pose wirft, aus dieser überlegenen Position wieder zu vertreiben. In der direkten Auseinandersetzung wird er niedergerungen (15. Szene). Doch es gelingt ihm, die Überlegenheit Maries zu brechen. Er bringt sie um. Das wäre dann ein Mord aus gekränkter Männlichkeit. Grundsätzlicher noch als die gekränkte Liebe und die gekränkte Männlichkeit wirkt vielleicht das Bewusstsein, an den Ansprüchen einer normalen, bürgerlichen Sexualität zu scheitern. Um diesen Ansprüchen genügen zu können, fehlt es Woyzeck an Geld, an Kraft, an Gesundheit. Der Druck, normal sein zu müssen, erreicht einen kritischen Punkt; der Normalisierungsdruck erzeugt die Anomalie. Das wäre dann ein Mord aus kollabierter Biopolitik.

Viertens ist auch das vom Doktor veranlasste Ernährungsexperiment Teil des Zwangszusammenhangs, der zum Mord führt. Dieses Experiment tut Woyzeck nicht gut. Er verliert nicht nur die Haare, er wird nicht nur zittrig und fahrig, er zeigt auch deutliche Symptome einer psychischen Erkrankung. Der Doktor diagnostiziert erfreut eine »Aberratio mentalis partialis« (8. Szene), also eine teilweise geistige Verwirrung. Ein nur teilweise geistig verwirrter Mensch kann gefährlicher sein als jemand, der ganz verrückt ist. Denn wenn Woyzeck wahnsinnig ist, dann handelt es sich um einen verborgenen Wahnsinn, den man nicht immer und überall erkennt. Woyzeck, so bemerkt der Doktor, »tut noch alles wie sonst« (8. Szene). Er scheint vernünftig zu sein. Läge sein Wahnsinn offen zutage, würde Marie gewiss nicht mit ihm aus der Stadt gehen. Auch im Gespräch, das die beiden in der 20. Szene führen, zeigt sich keine offene Verrücktheit. Woyzeck redet zwar ein wenig finster, aber er redet nicht wie ein Wahnsinniger. Entsprechend ist Marie zwar von Anfang der Szene an beunruhigt; was ihr aber tatsächlich bevorsteht, weiß sie nicht. Erst mit ihren letzten Sätzen wird aus fragender Unruhe offene Panik: »Was hast du vor? Franz, du bist so blass. Franz halt. Um Himmels willen, he Hülfe« (20. Szene). Dass der Wahnsinn verborgen ist, macht ihn so gefährlich. Es macht ihn aber auch so schwer greifbar, nachweisbar. Der Wahnsinn kann wirken, weil man ihn nicht sieht. Und weil man ihn nicht sieht, kann man nicht wissen, ob es tatsächlich der Wahnsinn ist, der hier wirkt.

Dieser Zwiespalt lässt sich als Büchners Kommentar zur rechtspsychologischen Debatte interpretieren, die sich anlässlich des historischen Woyzeck und seines Mords an seiner Geliebten entzündet hatte. War Woyzeck zurechnungsfähig, oder war er es nicht? Der Arzt, der den realen Woyzeck untersucht hatte, war zu einem eindeutigen Ergebnis gekommen:

Woyzeck war zurechnungsfähig und konnte schuldig gesprochen und hingerichtet werden. Andere Psychologen sahen darin die Vorbereitung zu einem Justizmord und attestierten Woyzeck nachträglich, dass er nicht zurechnungsfähig gewesen sei. Büchners Drama schließt an diese Debatte an. Es gibt Szenen, in denen sein Woyzeck eindeutig unter psychischen Störungen leidet. Am eindrücklichsten ist hier gewiss die 13. Szene, der Wahnsinnsanfall auf freiem Feld. Aber auch in anderen Szenen hört Woyzeck seltsame Stimmen (etwa in der 14. Szene) und sieht seltsame Dinge (wie in der 1. Szene). Ob er im Augenblick des Mords unter ähnlichen Symptomen leidet, ist allerdings nicht sicher zu sagen. Die Mordszene gibt keine eindeutige Antwort auf die Frage nach der Zurechnungsfähigkeit. Man liest oder sieht diese Szene, erkennt die Frage, die sich mit ihr stellt, und muss auf diese Frage selber eine Antwort finden.

Die Unsicherheit, ob der Mord wirklich in einer psychischen Krankheit begründet ist, wird noch dadurch gesteigert, dass Büchner so viele Alternativen anbietet. Ist Woyzeck ein konsequenter Soldat, ein armer Arbeiter, ein frustrierter Mann, ein ausgebeutetes Versuchstier oder ein zeitweise Wahnsinniger? Sind alle anderen schuld, nur er nicht? Gibt es in diesem Stück nur Opfer, keine Täter? Oder ist er zwar ein Täter, aber eben ein wahnsinniger Täter? Die 20. Szene hält diese Fragen mit Absicht offen. Gerade deshalb hat dieses Drama bis heute nichts von seiner irritierenden Kraft eingebüßt. Mit dieser Irritation müssen alle, die sich mit Büchners *Woyzeck* auseinandersetzen, auf je eigene Weise zurechtkommen: jeder Regisseur, jeder Zuschauer, jeder Interpret. Für Woyzeck ist am Ende der Szene nur eines sicher. Marie ist tot: »Bist du tot? Tot! Tot!«

V Literaturgeschichtliche Einordnung

Die atemberaubende Modernität von Büchners *Woyzeck* ist seit dem späten 19. Jahrhundert bis in unsere Tage immer wieder bemerkt worden. So hatte zuvor noch niemand das verzweifelte Leben eines geringen Menschen in Szene gesetzt; und es sollte lange dauern, bis in der deutschen Literatur Vergleichbares geleistet wurde, etwa in den naturalistischen Dramen Gerhart Hauptmanns. In gewisser Hinsicht wirkt Büchner wie eine fast unerklärliche Ausnahmeerscheinung, als ein »Unzeitgemäßer« (Poschmann, S. 133), als jemand, der der Zeit, in der er lebte und schrieb, weit voraus war.

Neben dieser Vorwegnahme mancher Tendenzen der literarischen Moderne findet sich bei Büchner aber auch immer der Rückgriff auf die literarische Tradition, etwa auf Shakespeare oder auf die Literatur des Sturm und Drang. Büchner kannte diese literarischen Traditionen sehr gut, und er nutzte diese Kenntnisse für seine eigenen Texte. Fast scheint es, als sei seine Modernität paradoxerweise aus seiner Verarbeitung literarischer Traditionen hervorgegangen.

Diese Spannung zwischen Modernität und Tradition wird noch durch die besondere literaturgeschichtliche Lage in den 1830er-Jahren verschärft. Denn Büchner schrieb in einer literaturgeschichtlich äußerst unbestimmten Zeit, in der verschiedene literarische Strömungen und ästhetische Programme miteinander konkurrierten (vgl. Oesterle). Er schrieb in einer Übergangszeit zwischen zwei literaturhistorischen Großformationen, der idealistischen Kunstperiode auf der einen Seite (mit Klassikern wie Schiller und Goethe, mit Romantikern wie Tieck und Brentano) und dem Bürgerlichen, Poetischen Realismus auf der anderen Seite (repräsentiert beispielsweise durch Stifter, Storm und Keller). Als Büchner an seinem *Woyzeck* arbeitete, hatten Klassik und Romantik ihre intensivste Phase schon hinter sich; der Poetische Realismus, der dann die zweite Hälfte des 19. Jahrhunderts dominierte, hatte hingegen noch keine deutliche Kontur angenommen.

Für diese literaturgeschichtlich unbestimmte Zeit sind mindestens zwei verschiedene Epochenbegriffe im Umlauf: Vormärz und Restaurationszeit. Zudem gehört zum Vormärz die literarische Bewegung des Jungen Deutschland, zur Restauration das ästhetische Programm des Biedermeier, dem Autoren wie Eduard Mörike, Wilhelm Hauff und Franz Grillparzer zugerechnet werden. Gemeinsam verweisen diese Begriffe auf den von zwei politischen Ereignissen umrissenen Zeitraum zwischen 1815 (Wiener Kongress) und 1848 (Märzrevolution). Auf je eigene Weise akzentuieren sie bestimmte weltanschauliche, politische und ästhetische Grundhaltungen. Der Begriff Restauration bezeichnet für die Zeitgenossen zunächst in einem ganz positiven Sinn die Wiederherstellung gesellschaftlicher und politischer Stabilität. In der gesellschaftlichen Realität sind solche Ruhe und Ordnung aber in erster Linie das Ergebnis von Verbot und Unterdrückung. Wenn man deshalb heute die Zeit zwischen 1815 und 1848 als Restaurationsepoche bezeichnet, dann bezieht man sich auf das spannungsvolle Zugleich von stabilisierender Repression und liberal-demokratischer Revolution. Ähnlich verhält es sich mit dem Begriff Vormärz, mit dem – natürlich erst nachträglich, nach der gescheiterten Märzrevolution – die politisch progressiven, auf Veränderung drängenden oder gar einen Umsturz fordernden Tendenzen der Literatur der Dreißiger- und Vierzigerjahre bezeichnet wurden. Wenn man heute vom Vormärz spricht, bezieht man sich auf die explosive Mischung gegenläufiger gesellschaftlicher und kultureller Bemühungen, auf die Spannung zwischen Restauration und Revolution.

Die literarische Produktion Büchners fällt also in eine Zeit, in der zwei gegenläufige politische Tendenzen die Gesellschaft bestimmen: Restauration und Revolution. Sie fällt ferner in eine Zeit, die zwischen zwei literaturhistorischen Großformationen liegt: zwischen Klassik und Romantik einerseits sowie Poetischem Realismus andererseits. Und sie entsteht zudem in unmittelbarer Nähe zu einer personell und zeitlich sehr eng umgrenzten literarischen Gruppierung, dem Jungen Deutschland.

Georg Büchner im Spannungsfeld seiner Zeit

restaurativer Zeitgeist

Biedermeier

Klassik/Romantik — **Büchner** — Poetischer Realismus

Vormärz/Junges Deutschland

revolutionäre Opposition

Politisch betrachtet handelt es sich um ein Verhältnis der Spannungen und der Kollisionen; zeitlich betrachtet, handelt es sich um ein Verhältnis des Übergangs und der Mischungen. In solch uneindeutiger Zeit fällt die Einordnung einzelner Autoren und einzelner literarischer Werke besonders schwer. Dies gilt nicht nur für Büchner, sondern auch für andere Literaten seiner Zeit. Zwei verschiedene Möglichkeiten, wie man dennoch eine Einordnung versuchen kann, sollen nun vorgestellt werden. Zum einen wird es um Büchners Verhältnis zum Jungen Deutschland gehen, zum anderen um Büchners kombinatorisches Spiel mit verschiedenen ästhetischen Programmen.

Was ist das Junge Deutschland, und was hat Büchner mit ihm zu tun? Eingeführt wurde dieser Begriff 1833 von Ludolf Wienbarg als Bezeichnung für ein revolutionär ausgerichtetes, radikal auf ästhetische und politische Erneuerung setzendes Programm.

Dir junges Deutschland widme ich diese Reden, nicht dem alten. Ein jeder Schriftsteller sollte nur gleich von vornherein erklären, welchem Deutschland er sein Buch bestimmt und in wessen Händen er dasselbe zu sehen wünscht. Liberal und illiberal sind Bezeichnungen, die den wahren Unterschied keineswegs angeben. Mit dem Schilde der Liberalität ausgerüstet sind jetzt die meisten Schriftsteller, die für das alte Deutschland schreiben, sei es für das adlige, oder für das gelehrte, oder für das philiströse alte Deutschland, aus welchen drei Bestandteilen dasselbe bekanntlich zusammengesetzt ist. Wer aber dem jungen Deutschland schreibt, der erklärt, daß er jenen altdeutschen Adel nicht anerkennt, daß er jene altdeutsche tote Gelehrsamkeit in die Grabgewölbe ägyptischer Pyramiden verwünscht, und daß er allem altdeutschen Philisterium den Krieg erklärt und dasselbe bis unter den Zipfel der wohlbekannten Nachtmütze unerbittlich zu verfolgen willens ist.

Ludolf Wienbarg, Aesthetische Feldzüge (1833/1834)

Das Junge Deutschland wurde daraufhin zum Leitbegriff einer neuen Generation von Autoren, die sich als Opposition verstanden und ihr Selbstbewusstsein aus einer Absetzbewegung gegen Idealismus, Klassizismus und Romantik zogen. Kritisiert wurde an der Literatur des ›alten‹ Deutschland vor allem deren politische Zurückhaltung, schärfer noch: deren Trennung zwischen Politik und Kunst. Dagegen setzte das Junge Deutschland auf eine gezielte Politisierung der Literatur. Initialzündung für die Bewegung war die französische Juli-Revolution. Innerhalb der ausdifferenzierten deutschen Oppositionsbewegung fanden sich die Jungdeutschen am radikaldemokratischen Rand wieder. Deshalb hatten sie nicht nur einen Gegner, sondern – wie das bei einer radikalen Linken häufig der Fall ist – gleich zwei: zum einen die alte Monarchie, die Restauration; zum anderen aber auch die gesamte gemäßigte Opposition. Karl Gutzkow, einer der wichtigsten Protagonisten des Jungen Deutschland, veröffentlichte im Jahr 1835 seinen schon mehrfach erwähnten Roman *Wally, die Zweiflerin*. Dieser Roman wurde von den herrschenden restaurativen Kräften als Anlass genutzt, nicht nur Gutzkow selbst zu verhaften, sondern zudem am 10. Dezember 1835 durch den Bundestag ein umfassendes Publikationsverbot für alle Dichter des Jungen Deutschland auszusprechen. Namentlich aufgeführt wurden Heinrich Heine, Ludolf Wienbarg, Heinrich Laube, Theodor Mundt und Karl Gutzkow.

Zwischen den solcherart in einen Topf geworfenen Literaten des Jungen Deutschland gab es thematisch, stilistisch und politisch zwar viele Unterschiede. Zusammengehalten wurden sie dennoch durch die gemeinsame Erfahrung, in einer Übergangsepoche zu leben, in der das Ende des restaurativen Stillstands mit Händen greifbar und eine echte Revolution in politischer, sozialer und ästhetischer Hinsicht möglich zu sein schien. Um aus der politischen auch eine literarische Revolution zu machen und zugleich von der Literatur zurück auf die Politik wirken zu können, bauten die Jungdeutschen auf die Revolutionierung zum einen der Inhalte, zum anderen der literarischen Formen. Dafür entwickelten sie einen neuen, direkten und zupackenden Sprachgestus. Vor allem aber setzten sie darauf, die gängigen Gattungsgrenzen zu unterlaufen. Sie vermischten hohen und niederen Stil, Dichtung und Gebrauchsliteratur, Poesie und Journalistik.

Auch Büchner wurde von den Behörden mit dem Jungen Deutschland in Verbindung gebracht. Dafür gab es aus der Perspektive der Herrschenden gute Gründe. Man vermutete in Büchner – zu Recht – den Verfasser des *Hessischen Landboten*. Diese Flugschrift vollzog eben das, was die Jungdeutschen einforderten: Als explosive Mischung aus Dichtung und Gebrauchsliteratur, aus hohem und niederem Stil rief dieser Text unmittelbar zur politischen Revolution auf. Wäre Büchner nicht rechtzeitig ins Ausland geflohen, wäre es ihm zweifelsohne kaum besser ergangen als dem inhaftierten Gutzkow, der Büchner bei der Publikation des *Danton*, eines gleichfalls revolutionsnahen Texts, geholfen hatte. Büchner war ganz offensichtlich ein stark politisierter, an französischen Vorbildern ausgerichteter, antirestaurativer Literat. Ihn mit dem Jungen Deutschland in Verbindung zu bringen, lag also nahe. Büchner selbst jedoch hat sich kritisch vom Jungen Deutschland distanziert.

Übrigens; um aufrichtig zu sein, Sie und Ihre Freunde scheinen mir nicht grade den klügsten Weg gegangen zu sein. Die Gesellschaft mittelst der *Idee*, von der *gebildeten* Klasse aus reformieren? Unmöglich! Unsere Zeit ist rein *materiell*, wären Sie je direkter politisch zu Werke gegangen, so wären Sie bald auf den Punkt gekommen, wo die Reform von selbst aufgehört hätte.

Georg Büchner Anfang Juni 1836 aus Straßburg an Karl Gutzkow

Für diese Distanzierung nannte er zwei Gründe. Nach den hessischen Aktionen, nach der Flugschriftenkampagne, die zur Unzeit verraten wurde, und dem Sturm auf die Frankfurter Hauptwache, der keinerlei revolutionäre Energie in der Bevölkerung auslöste und deshalb kläglich scheiterte, hatte

Büchner erstens den Eindruck gewonnen, dass die Zeit noch nicht reif sei für eine radikale Erneuerung des politischen Systems. Zweitens war er skeptisch, ob sich die Literatur unmittelbar für eine politische Revolution instrumentalisieren lasse. Büchner sah darin eine Revolution von oben, bei der eine kleine, gebildete und wohlhabende Klasse ihre Ideale weiter an die große Klasse derjenigen gibt, die wenig haben und nichts wissen. Wenn politische Revolutionen überhaupt Aussicht auf Erfolg haben könnten, dann nur, so Büchner, wenn sie unten, beim Volk und bei dessen materieller Not ansetzten. Mit Ideen allein sei eine gerechtere Neuordnung der Gesellschaft nicht herbeizuführen.

Büchner kritisiert also – darin ganz auf einer Linie mit Heinrich Heine – die direkte literarische Agitation, die sogenannte Tendenzliteratur: Er kritisiert die Vereinnahmung der Literatur durch die Politik. Deshalb ist es falsch, Büchner dem Jungen Deutschland zuzuordnen. Die Distanz, die Büchner zum Jungen Deutschland einnimmt, heißt aber wiederum nicht, dass er sich nach dem *Landboten* schrittweise aus dem Feld des Politischen zurückgezogen hätte. Vielmehr bietet Büchner einen eigenen Entwurf dessen, was politische Literatur sein könnte: nicht der mehr oder minder verschlüsselte Aufruf zu einer direkten Aktion, sondern die eindringliche Analyse komplexer Machtstrukturen. Politik wird damit um eine soziale und kulturelle Dimension erweitert. Dies leistet Büchner mit seinem *Woyzeck*. Zur Debatte stehen hier nicht Verfassungsfragen, Probleme des Wahlrechts oder der Umgang mit Steuergeldern. Vielmehr geht es um soziale Fragen wie Armut und Arbeit oder kulturelle Normalitäten wie Ehe und Medizin. All das – Armut, Arbeit, Ehe, Medizin, auch Militär und Recht – existiert für Büchner nicht jenseits der Politik, sondern ist selbst politisch. Mittels Literatur geht er dieser Kultur- und Sozialpolitik auf den Grund.

Büchner gehört also nicht zum Jungen Deutschland. Und er schreibt dennoch politische Literatur. Inhaltlich zeichnet sich sein Werk – und insbesondere *Woyzeck* – durch eine Hinwendung zum sozial deklassierten Menschen aus. Formal fallen die lakonische Dichte, die metaphorische Kürze und das zitierende bzw. montierende Verfahren auf. Darin war Büchner wahrlich innovativ. Doch auch diese Innovation hat ihre Voraussetzungen in einer Besonderheit der Zeit um 1830: Als Büchner zu schreiben beginnt, stehen ihm vier verschiedene ästhetische Programme zur Auswahl (Oesterle, S. 299). Da ist erstens die politische Literatur des Vormärz, die auf Agitation sowie direkte Meinungsbildung setzt. Zulasten der poetischen Qualität wird die Literatur mit Journalistik und Publizistik verknüpft. In diesen Zusammenhang gehört auch das Junge Deutschland. Zweitens hat um 1830 der Klassizismus noch nicht gänzlich ausgedient. Goethe stirbt erst 1832. Die Vorstellung, dass Kunst und Ästhetik nur dann zu bestehen vermögen, wenn sie sich von allen gesellschaftlich aktuellen Fragen abschotten, wenn sie in strenger Autonomie bestehen, bleibt auch noch über seinen Tod hinaus lebendig. Drittens ist die deutsche Romantik zu Büchners Zeiten ebenfalls noch nicht an ihr Ende gelangt. Eichendorff etwa publiziert bis in die späten 1840er-Jahre Gedichte und Romane, in denen inszenierte Naivität und kalkulierte Ironie ihr Spiel miteinander treiben. Viertens schließlich fällt in diese Zeit auch die französische Romantik, die sich auf eine ganz neue Weise dem Hässlichen, dem Grotesken, dem Abseitigen und Dunklen zuwendet.

Büchner kennt das alles; er nutzt das alles; und er gewinnt aus der Kombination dieser Angebote zugleich einen neuen Stil, einen neuen Ton. Mit dem Vormärz verbindet ihn die Hinwendung zum Politischen. Am Anfang seiner literarischen Arbeit, beim *Hessischen Landboten*, war dies noch in einem

»Woyzeck« in der Inszenierung von Robert Wilson am Betty Nansen Theater in Kopenhagen (2000). Musik: Tom Waits.

unmittelbaren, agitatorischen Sinne zu verstehen. Beim *Woyzeck* ist die Analyse der Politik indirekter geworden, hat aber zugleich noch einmal an Intensität gewonnen. Mit dem Klassizismus teilt Büchner die lakonische Sprache, die stilistische Prägnanz und Kürze. An ähnlichen Sprachformen hatte auch der späte Goethe gearbeitet. Büchner hat es in dieser Stilform mit dem *Woyzeck* zu wahrer Meisterschaft gebracht. Das grausige Märchen, das die Großmutter in der 19. Szene den Kindern erzählt, bietet hierfür ein eindrucksvolles Beispiel. Von der deutschen Romantik übernimmt Büchner sowohl Formen der literarischen Unmittelbarkeit (etwa in den *Woyzeck*-Szenen, die auf freiem Feld, in der Natur spielen) als auch der ironischen Vermittlung (dies gilt mehr für *Leonce und Lena,* ist aber selbst im *Woyzeck* spürbar, etwa in dessen zärtlichem Umgang mit der Katze in der zehnten Szene). Mit der französischen Romantik trifft sich Büchner schließlich in seiner Darstellung des Grotesken, Hässlichen, Abstoßenden. Es ist nicht schön, wenn auf der Bühne ein Pferd scheißt (3. Szene), ein Handwerker besoffen vor sich hin brabbelt (12. Szene) oder eine Frau mit einem Messer niedergemetzelt wird (20. Szene). Im *Woyzeck* sind die Menschen – anders als von Goethe gefordert – weder edel noch hilfreich, noch gut. Sie sind vielmehr niedrig, egoistisch und schlecht. Das gilt nicht nur für die Nebenfiguren des Dramas, es gilt auch für dessen Protagonisten. Woyzeck mag uns als Opfer gesellschaftlicher Verhältnisse erscheinen. Was er mit Marie anstellt, ist aber dennoch keineswegs in Ordnung.

Büchner nutzt alle ästhetischen Möglichkeiten, die sich ihm bieten. Er tut dies keineswegs unkritisch oder naiv. Mit der Vielzahl von konkurrierenden Modellen treibt er vielmehr ein virtuoses Spiel. Literaturhistorisch lässt sich für Büchner deshalb kein exakter Ort bestimmen, weil er immer an verschiedenen Orten zugleich zu sein scheint. In der Kombinatorik der unterschiedlichen ästhetischen Programme entsteht ein neuer Stil, in der die literarische Sprache oft in völlig neue Bereiche vorangetrieben wird.

Es war einmal ein arm Kind und hat kein Vater und keine Mutter war alles tot und war niemand mehr auf der Welt. Alles tot, und es ist hingangen und hat gerrt Tag und Nacht. Und wie auf die Erd niemand mehr war, wollt's in den Himmel gehen, und der Mond guckt es so freundlich an und wie's endlich zum Mond kam, war's ein Stück faul Holz und da ist es zur Sonn gangen und wie's zur Sonn kam war's eine verwelkte Sonnenblume [...] und wies wieder auf die Erd wollt, war die Erd ein umgestürzter Hafen und war ganz allein und da hat sich s hingesetzt und gerrt und da sitzt es noch und ist ganz allein

Georg Büchner, Woyzeck, 19. Szene

VI Rezeption

Büchner wurde von seinen Zeitgenossen als Autor kaum wahrgenommen. Nur ein einziges Drama – *Danton's Tod* – erschien zu seinen Lebzeiten. Alles andere wurde erst nach seinem Tod veröffentlicht, zum Teil, wie im Fall des *Woyzeck*, mit erheblicher zeitlicher Verzögerung. Das, was in der Mitte des 19. Jahrhunderts von Büchner bekannt war, wurde aus der Perspektive des Bürgerlichen, Poetischen Realismus scharf kritisiert: Die schöne Literatur, so der Vorwurf gegen Büchner, solle sich nicht mit dem Hässlichen, Verrückten, Verbrecherischen abgeben. Die Aufgabe des Dichters bestehe vielmehr in der »Verklärung« der Wirklichkeit. Gegenüber solch einem Anspruch muss Büchners Literatur als Provokation gewirkt haben. Diese Kritik zielte zwar nicht auf den *Woyzeck*, weil dieser noch nicht publiziert war. Sie entzündete sich aber an der zweiten literarischen Psychopathologie, die Büchner verfasst hat, an seiner gleichfalls Fragment gebliebenen Erzählung *Lenz*. Zweifelhaften Ruhm hat sich hier der einflussreiche Literaturkritiker Julian Schmidt durch die vernichtende Rezension erworben, die er 1851 in der Zeitschrift *Die Grenzboten* über Büchner veröffentlichte: »Die Darstellung des Wahnsinns ist eine unkünstlerische Aufgabe, denn der Wahnsinn, als Negativität des Geistes, folgt keinem geistigen Gesetz. Der Wahnsinn gehört in das Gebiet der Pathologie, und hat ebenso wenig das Recht, poetisch behandelt zu werden, als das Lazarett und die Folter.«

Diese Lage änderte sich im späten 19. Jahrhundert mit dem Anbruch der klassischen Moderne nachhaltig. Büchners Werk im Allgemeinen und der *Woyzeck* im Besonderen wurde seither von vielen literarischen Avantgardebewegungen, vom Naturalismus über den Expressionismus und die Neue Sachlichkeit bis hin zur Gegenwartsliteratur immer wieder als Vorbild empfunden und als früher Wegbereiter einer kritischen Moderne gefeiert. Gerhart Hauptmann hat Büchner 1887 als Geistesverwandten gepriesen. Hugo von Hofmannsthal hat sich 1913 engagiert für die Uraufführung des *Woyzeck* eingesetzt, für die er sogar eine eigene – dann allerdings nicht mit aufgeführte – neue Schlussszene schrieb. Und in den Reden zur Verleihung des Büchner-Preises, die zu den Ritualen unserer literarischen Kultur seit dem Zweiten Weltkrieg gehören, haben sich immer wieder bedeutende Autoren von Paul Celan bis Elfriede Jelinek in die Tradition Büchners gestellt, wobei dem *Woyzeck* oft ein besonderes Gewicht beigemessen wurde, so etwa von Heiner Müller.

Büchners *Woyzeck* ist eines der meistgespielten Theaterstücke der deutschen Literatur. Seinen Stellenwert für die Theatergeschichte verdankt das Stück dabei auch der herausragenden Rolle, die in ihm die Körperlichkeit spielt. Büchners *Woyzeck* ist in einem starken Sinn Körpertheater und steht damit der Performance-Kunst des 20. Jahrhunderts nahe. Vielleicht kann man dieses Stück tatsächlich nur begreifen, wenn man es sieht, und nicht, wenn man es lediglich liest. Deshalb ist *Woyzeck* ein beispielhaftes Stück für die Bühne: An ihm zeigt sich, was das Theater kann. Diese Herausforderung haben alle bedeutenden Theaterregisseure des 20. Jahrhunderts angenommen.

Eine wichtige Station in der Rezeptionsgeschichte des Dramas wird durch eine Vertonung markiert, durch Alban Bergs Oper *Wozzeck*. Berg sah 1914 die Wiener Erstaufführung des Stücks und entschloss sich sofort, aus diesem Stoff eine Oper zu machen. Mit dieser Faszination durch Büchners Werk war er nicht allein. Zwischen 1895 und 1913 erfolgten die Uraufführungen aller Dramen Büchners; zudem erschienen in diesem

Franz Grundheber als Wozzeck und Günter von Kannen als Doktor in Patrice Chereaus Inszenierung von Alban Bergs »Wozzeck« (Berlin, Staatsoper Unter den Linden, 1994).

Zeitraum fünf Gesamtausgaben und zahlreiche Einzelausgaben. Als Effekt dieses Büchner-Booms wurden 1925/1926 gleich drei Büchner-Opern uraufgeführt, zweimal zum *Woyzeck* (Alban Berg und Manfred Gurlitt) und einmal zu *Leonce und Lena* (Julius Weismann). Vor allem Bergs Vertonung hat Musikgeschichte geschrieben. Sie gilt als die erste abendfüllende atonale Oper, die zu einem Repertoirestück geworden ist und sich bis heute auf den Spielplänen der Opernhäuser halten konnte. Bergs *Wozzeck* hat damit maßgeblich zur Rezeption des Stücks im 20. Jahrhundert beigetragen.

Auch das Kino hat sich an Büchners Vorlage versucht. Seit 1947 ist *Woyzeck* insgesamt sieben Mal verfilmt worden. Die berühmteste Verfilmung entstand 1978 unter der Regie von Werner Herzog, mit Klaus Kinski in der Titelrolle (vgl. die Abbildung auf S. 65 dieses Bands). Herzog betont die einzelnen Szenen, die er mit möglichst wenigen Schnitten realisiert. Die größte Stärke dieser Verfilmung ist zugleich ihr größtes Problem: Klaus Kinski verkörpert den Woyzeck mit einer solch umwerfenden Intensität, dass er dabei alle anderen Figuren an die Wand spielt. Das ist beeindruckend anzusehen. Und doch besteht ein eigentümliches Missverhältnis zwischen der Kraft des Schauspielers und der Schwäche der Figur. Woyzeck mag untergehen. Kinski hingegen triumphiert noch im Untergang.

Eine neue Form der Musikalisierung bot im Jahr 2000 die Theaterinszenierung von Robert Wilson (vgl. die Abbildung auf S. 117 dieses Bands), der hier – wie schon bei anderen Gelegenheiten – mit Tom Waits zusammenarbeitete. Die Musik zur Inszenierung, die auch als Waits-Album unter dem Titel *Blood Money* erhältlich ist, scheint unmittelbar aus dem Text hervorzugehen. Wilson und Waits gelingt damit eine konsequente Umsetzung der Musikalität, die im Stück bereits angelegt ist. Dort wird gesungen (1., 2., 4., 11., 12., 15., 19. und 22. Szene), gefiedelt und getanzt (12. und 22. Szene). Die Musik ist nicht bloße Untermalung des Geschehens, vielmehr treibt sie die Handlung voran. Wilson und Waits setzen dies inszenatorisch und kompositorisch um. Waits beginnt seine musikalische Revue mit der ersten Szene der ersten Handschrift (H 1, 1). Es handelt sich dabei um einen ersten Entwurf zur Jahrmarktszene, in der die gelehrigen Tiere ihren Auftritt haben. Waits komponiert dazu eine wild kreiselnde Jahrmarktsmusik und singt von Affen, die ihren Hintern zeigen (»The higher that the monkey can climb / the more he shows his tail«), und von einer Natur, die allen Bemühungen um Kultivierung trotzt (»You can drive out nature with a pitch fork / But it always comes roaring back again«). Kurz: »Misery's the river of the world / Everybody row!«

Auswahlbibliographie

Ausgaben

GEORG BÜCHNER: Woyzeck. Text und Materialien. Erarbeitet von PETER BEKES und HEINZ REICHLING. Braunschweig: Schroedel Verlag 2008.
(Nach dieser innerhalb der Reihe »Texte.Medien« erschienenen Ausgabe wird das Stück zitiert. Ihr Text folgt der nachfolgend aufgeführten, von BURGHARD DEDNER erstellten Lesefassung des Stücks, die 2005 bei Reclam herausgekommen ist.)

GEORG BÜCHNER: Woyzeck. Leonce und Lena. Herausgegeben von BURGHARD DEDNER. Stuttgart: Reclam Verlag 2005 (RUB 18420).

GEORG BÜCHNER: Sämtliche Werke, Briefe und Dokumente in zwei Bänden. Herausgegeben von HENRI POSCHMANN. Frankfurt am Main: Deutscher Klassiker Verlag 1999. Als Taschenbuchausgabe: Frankfurt am Main: Insel Verlag 2002 (zitiert als: DKV).

GEORG BÜCHNER: »Woyzeck«. Marburger Ausgabe. Band 7.2. Text. Editionsbericht, Quellen, Erläuterungsteile. Herausgegeben von BURGHARD DEDNER. Darmstadt: Wissenschaftliche Buchgesellschaft 2005 (zitiert als: MBA).

Gesamtdarstellungen

BORGARDS, ROLAND und HARALD NEUMEYER (Hrsg.): Georg Büchner. Epoche – Werk – Wirkung. Stuttgart: Verlag J. B. Metzler 2009.

MARTIN, ARIANE: Georg Büchner. Stuttgart: Verlag J. B. Metzler 2007.

Chronik und Lebenszeugnisse

HAUSCHILD, JAN-CHRISTOPH: Georg Büchner. Überarbeitete und erweiterte Neuausgabe. Reinbek: Rowohlt Taschenbuch Verlag 2004.

Ausgewählte Forschung zu »Woyzeck«

CAMPE, RÜDIGER: »Johann Franz Woyzeck. Der Fall im Drama«. In: MICHAEL NIEHAUS, HANS-WALTER SCHMIDT-HANNISA (Hrsg.): Unzurechnungsfähigkeiten. Diskursivierungen unfreier Bewußtseinszustände seit dem 18. Jahrhundert. Frankfurt am Main u. a.: Peter Lang Verlag 1998, S. 209–236 (zitiert als: Campe).

DEDNER, BURGHARD: Die Handlung des Woyzeck: wechselnde Orte – »geschlossene Form«. In: Georg Büchner Jahrbuch 7 (1988/89), S. 144–170 (zitiert als: Dedner).

ELM, THEO: Georg Büchner: Woyzeck. Zum Erlebnishorizont der Vormärzzeit. In: Dramen des 19. Jahrhunderts. Interpretationen. Stuttgart: Reclam Verlag 1997, S. 141–171 (RUB 9631) (zitiert als: Elm).

GLÜCK, ALFONS: ›Der ökonomische Tod‹. Armut und Arbeit in Georg Büchners Woyzeck. In: Georg Büchner Jahrbuch 4 (1984), S. 167–226 (zitiert als Glück 1984 a).

GLÜCK, ALFONS: Militär und Justiz in Georg Büchners Woyzeck. In: Georg Büchner Jahrbuch 4 (1984), S. 227–247 (zitiert als Glück 1984 b).

GLÜCK, ALFONS: Der Menschenversuch. Die Rolle der Wissenschaft in Georg Büchners Woyzeck. In Georg Büchner Jahrbuch 5 (1985) 1986, S. 139–182 (zitiert als: Glück 1986).

GRACZYK, ANNETTE: Sprengkraft Sexualität. Zum Konflikt der Geschlechter in Georg Büchners Woyzeck. In: Georg Büchner Jahrbuch 11 (2005–2008) 2008, S. 101–121 (zitiert als: Graczyk).

KLOTZ, VOLKER: Geschlossene und offene Form im Drama. München: Carl Hanser Verlag 1960. 13., neu durchgesehene Auflage. München 1992 (zitiert als: Klotz).

KUBIK, SABINE: Krankheit und Medizin im literarischen Werk Georg Büchners. Stuttgart: Verlag J. B. Metzler 1991 (zitiert als: Kubik).

LEHMANN, JOHANNES F.: Sexualität. In: ROLAND BORGARDS, HARALD NEUMEYER (Hrsg.): Georg Büchner. Epoche – Werk – Wirkung. Stuttgart: Verlag J. B. Metzler 2009, S. 231–236 (zitiert als: Lehmann).

NEUMEYER, HARALD: ›Hat er schon seine Erbsen gegessen?‹ Georg Büchners Woyzeck und die Ernährungsexperimente im ersten Drittel des 19. Jahrhunderts. In: Deutsche Vierteljahresschrift (DVJs) 83 (2009), S. 218–245 (zitiert als: Neumeyer).

OESTERLE, GÜNTER: Klassizismus, Romantik, Vormärz. In: ROLAND BORGARDS, HARALD NEUMEYER (Hrsg.): Georg Büchner. Epoche – Werk – Wirkung. Stuttgart: Verlag J. B. Metzler 2009, S. 299 bis 305 (zitiert als: Oesterle).

PETHES, NICOLAS: ›Viehdummes Individuum‹, ›unsterblichste Experimente‹. Elements of a Cultural History of Human Experimentation in Georg Büchner's Dramatic Case Study Woyzeck. In: Monatshefte 98 (2006), S. 68–82 (zitiert als: Pethes).

POSCHMANN, HENRI: Probleme einer literarisch-historischen Ortsbestimmung Georg Büchners. In: Georg Büchner Jahrbuch 2 (1982), S. 133–142 (zitiert als: Poschmann).

ROTH, UDO: Das Forschungsprogramm des Doktors in Georg Büchners Woyzeck unter besonderer Berücksichtigung von H 2,6. In: Georg Büchner Jahrbuch 8 (1990–1994) 1995, S. 254–278 (zitiert als: Roth).

SCHNYDER, PETER: Ökonomie. In: ROLAND BORGARDS, HARALD NEUMEYER (Hrsg.): Georg Büchner. Epoche – Werk – Wirkung. Stuttgart: Verlag J. B. Metzler 2009, S. 182–186 (zitiert als: Schnyder).

Über den Autor

Roland Borgards, geboren 1968, ist Professor für Neuere Deutsche Literaturgeschichte an der Universität Würzburg.

Promotion über Peter Handke (2001), Habilitation über die Poetik des Schmerzes (2007), Mitherausgeber des Büchner-Handbuchs bei Metzler (2009), weitere Publikationen über literatur- und kulturgeschichtliche Themen vor allem des 18. und 19. Jahrhunderts.

Bildquellenverzeichnis

Titelbild: Fritzi Haberlandt als Marie und Peter Moltzen als Woyzeck in Michael Thalheimers Inszenierung von Georg Büchners »Woyzeck«. Koproduktion der Salzburger Festspiele und des Thalia Theaters Hamburg aus dem Jahr 2003. Foto: © Katrin Ribbe, Hannover

S. 9: Aus: Georg Büchner. Leben, Werk, Zeit. Katalog zur Ausstellung zum 150. Jahrestag des »Hessischen Landboten«. Unter Mitwirkung von Bettina Bischoff u. a. bearbeitet von Thomas Michael Mayer. Marburg: Jonas Verlag. 3. Auflage 1987, S. 2

S. 22: © ullstein bild – heritage

S. 27: © ullstein bild – ullstein bild

S. 37: © Thomas Dashuber, München

S. 49: © ullstein bild – Kujath

S. 52: © ullstein bild – Lebrecht Music & Arts

S. 53: Foto: Klassik Stiftung Weimar, GSA 28/274 | GSA 25/XIII, 7

S. 61: © Katrin Ribbe, Hannover

S. 65: defd pwe-Verlag, Hamburg

S. 67: Stadtgeschichtliches Museum, Leipzig

S. 81: © ullstein bild – Thiele

S. 95: © ullstein bild – Moenkebild
S. 105: © ullstein bild – Lieberenz
S. 117: Szene mit Ulla Henningsen, Asgar Tarnberg und Kaya Brueel (von links). © ullstein bild – AP
S. 121: © ullstein bild – Archie Kent

Textquellenverzeichnis

S. 21: Brockhaus »Conversations-Lexikon«, 9. Auflage (1843–1848), Band 11 (1846), S. 15 f.
S. 25: Caroline Schulz: Bericht über »Büchners letzte Tage«, 1837. Zitiert nach: Georg Büchner. Leben, Werk, Zeit. Ausstellung zum 150. Jahrestag des »Hessischen Landboten«. Marburg 1987, S. 261.
S. 46: Burghard Dedner: Die Handlung des Woyzeck: wechselnde Orte – »geschlossene Form«. In: Georg Büchner Jahrbuch 7 (1988/89), S. 144–170, dort S. 149. Mit freundlicher Erlaubnis von Herrn Professor Dedner.
S. 70: Michel Foucault: Überwachen und Strafen. Die Geburt des Gefängnisses. Übersetzt von Walter Seitter. © Suhrkamp Verlag Frankfurt am Main 1976. Zitiert nach: suhrkamp taschenbuch wissenschaft 184, erste Auflage 1977, S. 175.
S. 70, 77 und 114: Zitiert nach: Georg Büchner: Sämtliche Werke, Briefe und Dokumente in zwei Bänden. Herausgegeben von Henri Poschmann. Frankfurt am Main: Deutscher Klassiker Verlag 1999. Dort Band 2, S. 56 f. *(Der Hessische Landbote)*, Band 1, S. 18 *(Danton's Tod)*, Band 2, S. 440 (Brief von Anfang Juni 1836 aus Straßburg nach Frankfurt am Main an Karl Gutzkow).
S. 112: Ludolf Wienbarg: Aesthetische Feldzüge (1833/1834). 2. Auflage. Hamburg, Berlin: Hoffmann & Campe 1919, S. 5.

Bereits erschienen:
Bertolt Brecht: *Leben des Galilei* (47702)
Georg Büchner: *Dantons Tod* (47719)
Friedrich Dürrenmatt: *Der Besuch der alten Dame* (47706)
Friedrich Dürrenmatt: *Die Physiker* (47712)
Theodor Fontane: *Effi Briest* (47707)
Theodor Fontane: *Irrungen, Wirrungen* (47722)
Max Frisch: *Homo faber* (47718)
Johann Wolfgang von Goethe: *Die Leiden des jungen Werther* (47701)
Johann Wolfgang von Goethe: *Faust I* (47721)
Johann Wolfgang von Goethe: *Iphigenie auf Tauris* (47715)
Franz Kafka: *Der Proceß* (47703)
Heinrich von Kleist: *Das Erdbeben in Chili* (47709)
Heinrich von Kleist: *Michael Kohlhaas* (47705)
Heinrich von Kleist: *Prinz Friedrich von Homburg* (47713)
Wolfgang Koeppen: *Tauben im Gras* (47714)
Friedrich Schiller: *Don Karlos* (47704)
Friedrich Schiller: *Kabale und Liebe* (47723)
Friedrich Schiller: *Maria Stuart* (47700)
Arthur Schnitzler: *Leutnant Gustl* (47710)
Arthur Schnitzler: *Traumnovelle* (47711)

Folgende weitere Bände der Reihe »Schroedel Interpretationen« erscheinen 2011 und 2012:
Alfred Andersch: *Sansibar oder der letzte Grund* (47726)
Günter Grass: *Im Krebsgang* (47730)
E. T. A. Hoffmann: *Der Sandmann* (47725)
Franz Kafka: *Die Verwandlung* (47727)
Christian Kracht: *Faserland* (47729)
Gotthold Ephraim Lessing: *Emilia Galotti* (47724)
Thomas Mann: *Buddenbrooks* (47716)
Thomas Mann: *Mario und der Zauberer* (47717)
Thomas Mann: *Der Tod in Venedig* (47728)
Peter Stamm: *Agnes* (47720)

Inhaltsverzeichnisse und **Probeseiten** finden Sie unter:
http://www.schroedel.de/Interpretationen

Eine Auswahl von Lektüren der Reihe Texte . **Medien**
(Textausgaben mit Materialien)

Die einzelnen Bände werden jeweils durch **Arbeitshefte**, **Informationen für Lehrerinnen und Lehrer** und zum Teil **mediales Zusatzangebot** ergänzt:

Georg Büchner: *Woyzeck* (47028)
Heinrich von Kleist: *Michael Kohlhaas* (47027)
Friedrich Schiller: *Don Karlos* (47024)
Arthur Schnitzler: *Traumnovelle* (47006)

Weitere Titel sowie eine Übersicht zu geplanten neuen Textausgaben finden Sie unter: www.schroedel.de/textemedien